新装版

現代語訳　親鸞全集　4

和讃・書簡

真継伸彦

法藏館

本書は、昭和五八（一九八三）年刊行の『現代語訳親鸞全集4和讃・書簡』第一刷をオンデマンド印刷で再刊したものである。

再刊にあたって、今日の人権意識に照らして好ましくない表現が見られますが、原文の時代背景や著者が差別を助長する意図で使用していないこと、著者が故人となっていることなどを考慮し原文のままといたしました。

親鸞の書簡と和讃

私は親鸞の書簡は、五年ばかり前に一度大半を訳しております（徳間書店刊・『親鸞書簡集』）。一部を省略したのは、内容に重複しているものがあるからです。私はその本に、恵信尼の重要な書簡をも収めました。

その時に訳出しながら感じたのは、親鸞の書簡には、彼の個性も感性も、ほとんど現われていないということでした。第五巻の解説に書いたことですが、親鸞の肉声は、かえって『歎異抄』から強くひびいてくるのです。

親鸞の書簡は、彼の思想を知るためにきわめて重要な文献です。たとえば親鸞が「造悪無礙」という異安心とどのように戦ったかということも、書簡を通じて具体的に知られます。弥陀の本願は悪人救済のためのものであるというのは、親鸞自身の確信でした。しかしそこから、本願に帰依した者は、はばかることなく悪を行なってもよいという、現世の倫理を否定する異安心が生まれてくるのです。無礙というのは、往生浄土の障害にならないという意味ですが、私たちは弥陀の慈悲の自己自身における証明として、はばかることなく悪を行なうべきであると、現世の倫理を積極的に覆《くつが》えそうとする異安心も、ここから生まれます。

こういう造悪無礙の異端（異安心）は、法然や親鸞の時代にはじめて生まれたものではありません。平安時代に成立したさまざまな『往生伝』（岩波書店刊「日本思想大系」七所収）を読みますと、当時の念仏行者も、大胆に近親結婚まで行なっていたことが知られます。仏教はもともと、善悪の彼岸の境地に救いを見いだそうとする思想です。だから現世の道徳と対立する傾向があるのですが、鎌倉時代の専修念仏者にはそれが極端化して、法然や親鸞自身が流罪に処せられたり、彼らの教団がくり返し弾圧される原因にもなったのでした。

親鸞はこの「造悪無礙」の異端を、論理の上では否定しておりません。弥陀の本願は、その末尾に「唯除五逆誹謗正法」とあるように、父殺し、母殺し、阿羅漢殺し、仏身損傷、僧団破壊の五種の重罪を犯した者以外は、すべて浄土に収めとりたもうからです。しかも法然や親鸞の解釈によれば、この末尾の文章すらも「抑止門《おくしもん》」でしかありません。してはいけないことだから抑止されているのであり、してしまった者も、念仏すればやはり浄土に迎えられるというのが、二人の確信でした。弥陀の慈悲がそのように広大無辺である以上は、「造悪無礙」の異端は、論理的に否定するべくもないのです。

親鸞はしかし、自分が生みだした関東の教団の中に、いかんともしがたく輩出してくるこの異安心の持ち主たちにむかって、本願に帰依した者がなおあえて、はばかることなく悪を行なうであろうか、と実存的な問いを突きつけるのです。仏教はそもそも、「一切皆苦」という現実認識から生まれています。現世はいかんともしがたい苦の連続であり、苦からの解放として開悟があり、浄土があるのです。苦の原因が悪です。だから、悪からの脱出が仏教徒の悲願です。にもかかわらず「造悪無礙」の人びとは、悪ないし苦を、あえて助長させようとするのです。そういう人びとには「世をいとふしるし」がないのであり、仏教に無縁の人びとである。親鸞は関東の同朋たちにあてた手紙の中で、こういう論旨でもって「造悪無疑」の徒を非難しております。

右は一例です。くわしくは本巻の解説で説明しますが、親鸞の書簡には、このように一方では「造悪無礙」の異端と戦い、一方では「賢善精進」の異端と戦って、これをとなえた長子善鸞を義絶するまでにいたった、なまなましい苦闘のさまがうかがわれます。

しかし親鸞の書簡には、個性や感性がとぼしいのです。このことは、親鸞より約五十年後に生まれた同じ大乗仏教徒、日蓮の書簡と見くらべればよくわかります。日蓮は、相手の苦しみに同情して悲泣します。親鸞の書簡には、同情の言葉があってもごく平凡なものです。

一つには、現存している親鸞の書簡が、すべて七十九歳以降という最晩年に書かれているからでしょう。感情はとうに枯れているのです。私にはしかし、より重要な理由は、親鸞にとっては、自分や他人の苦しみが、とりたてて問題にならなかったからだと思われます。トルストイの『アンナ・カレーニナ』には、「幸福な家庭はすべてよく似かよったものであるが、不幸な家庭はみなそれぞれに不幸である」という有名な冒頭の文章があります。実際に悲しみや苦しみ、ことに痛みは、他人に分かちがたい個人的なものです。反対に楽しみや喜びは、もともと一般的であって、分かちあうことによって成り立っている部分が多いのではないでしょうか。そう言えばコンパニオン（共同体）の原意は、「パンを共にすること」です。食事を一緒にすることが、昔の人の最大の楽しみであれば、人間の共同存在性を満喫できる行為でもありました。逆から言えば、「食卓を共にしないこと」が、敵意や差別の端的な表現でもありました。

そのように、私たちの個性の原因となっている苦しみや悲しみが、親鸞にとってはどうでもよかったのです。無量億劫にわたってみ仏の慈悲に出会いながら、おのれの凡愚のゆえにみずから仏道を拒否し、今も人間界に生まれている私たちのごときが、どのように苦しもうと、どうにもしようがないことであり、それゆえに、どうでもよいことであったのです。

いっぽう、親鸞にとっての、究極のコンパニオンが極楽浄土であったのです。念仏者はそこにおいて、すべてが平等の身に生まれ変わって、まさに平等の楽しみを味わうのです。親鸞はそのための往生浄土を、ひたすら私たちに勧めたのです。その文章に個性や感性がとぼしいことには、必然的な理由があると私は思います。日蓮の文体にはみなぎっている人情のごときも、親鸞の眼からみれば、「毒まじり（雑毒）の善」にすぎなかったことでしょう。その発揮を、つつしみ畏れるべきものであったのでしょう。

親鸞の文体の非個性性は、和讃になるとさらに徹底しております。理性的で無味乾燥であって、だれにでも作れるような歌であると私は思います。

浄土真宗に帰すれども
真実の心はありがたし
虚仮不実のわが身にて
清浄の心もさらになし

にはじまる有名な「愚禿悲歎述懐」も、けっして親鸞自身の個性的な悲歎ではありません。唐の善導いらい、こういう懺悔の中味や様式は決まりきっていたのであって、親鸞はそれを和風に仕立てあげているだけなのです。

かなしきかなや道俗の

良時吉日えらばしめ
天神地祇をあがめつつ
卜占祭祀をつとめとす

などという痛烈な現世利益信仰批判も、親鸞の個性からほとばしり出たものではありません。

私は、そのように無味乾燥な和讃を意訳していて、親鸞のような宗教者の歌は、類型的でなければならないのであると、はじめて思いあたりました。西行のように個性的な和歌が生まれでる、その個性というものに、親鸞は何の重きも置いていなかったからです。それどころか、親鸞は私たちの個性に、罪悪の根源を見ていたに違いありません。

その親鸞の個性は、和讃の類型性の内側に隠されているのです。このように、事典のように教義を独自にかみくだいて、和風の讃歌に仕立てあげたのは、まさに親鸞の独創であったからです。親鸞の本願解釈の独自性については、今ここで、あらためて説明するまでもありません。

一身上の事柄について、ほとんど何事も語ろうとしなかった親鸞の個性は、わずかに残っている恵信尼の書簡の方に、かすかにうかがわれます。中で、親鸞の思想を学ぶ上で最も重要なものは第五通です。それについては巻末で説明するとして、ここでは第三通に見られるように、恵信尼が夫の親鸞を、観世音菩薩の化身と信じきっていたことについて、ひとこと付言しておきたいと思います。

恵信尼は、親鸞の師の法然のほうは、当時の一般の念仏者と同様に、勢至菩薩の化身と信じていたのでした。両菩薩は阿弥陀仏の脇士《わきじ》であって、観音は慈悲の象徴であり、勢至は知恵の象徴です。そのように、真理なるみ仏の両側に、慈悲および知恵の両者を配置するのは、仏像本来の形式です。釈迦牟尼仏の場合は、普賢菩薩が慈悲、文殊菩薩が知恵の象徴です。不動明王の場合は、制多迦《せいたか》童子が知恵、矜羯羅《こんがら》童子が慈悲です。

恵信尼が、夫を弥陀の本願にみちびいた法然を知恵の菩薩と思いこみ、暮らしを共にした親鸞を慈悲の菩薩と思いこんだことには、道理があるでしょう。親鸞は三十代なかばの越後流罪時代から、関東布教時代をへて六十代終わりの京都隠棲にいたるまで、ひたすら愚直に、「自信教人信（みずから信じ人に教えて信ぜしむ）」の一道を歩みつづけたと思われます。恵信尼はその姿を、観世音菩薩の化身と見たにちがいないのです。文献上の証拠は何もありません。私は親鸞を偶像視しすぎていると批判されるかもしれません。しかし、筆跡からうかがわれる親鸞は、まっ正直な人柄であるとのことです。私は、個性としての親鸞がまっ正直で、誠実で優しい布教者であったと思うのです。余談であり、くり返しにもなりますが、私たちが『歎異抄』を読んで第一にうたれるのは、親鸞のまっ正直な懺悔です。

現代語訳親鸞全集　第四巻

目次

親鸞の書簡と和讃　i
本文
和讃
三帖和讃　7
浄土和讃　9
高僧和讃　54
正像末和讃　97
皇太子聖徳奉讃　141

書簡

末灯鈔 171
親鸞聖人御消息集 219
御消息集 241
親鸞聖人血脈文集 247
御消息拾遺 257
恵信尼消息 267
解説 287
語註 326

凡例

一、底本には金子大栄編『原典校註真宗聖典』（法蔵館刊）を用いた。『皇太子聖徳奉讃』は『定本親鸞聖人全集3』（同刊）によった。

一、『和讃』については、その風韻を重んじ原文を上段に掲出し、下段に現代語訳を配した。

一、煩瑣な註は避け、できるだけ平明な文章にして、現代人に読みやすいように努めた。

一、註を要する語句には＊を付し、巻末にその註記を掲げた。註記についても、底本の註を参照した。

一、原文の割註は、〈 〉で示し、原文の重要語句は適宜（ ）で残した。また、訳者自身が意味を補う場合にも（ ）を用いた。

一、難語句には、適宜ルビを付した。

一、各編の扉うらの解題については、底本によったが、旧漢字、および旧かなつかいは適宜改めた。なお、『皇太子聖徳奉讃』の解題は、底本の解説によった。

和讃

三帖和讃

さんじょうわさん

『浄土和讃』『高僧和讃』『正像末和讃』の三帖から成る。『浄土和讃』は、宗祖が信奉する経論によって、阿弥陀仏とその浄土を讃仰されたもので、初に『大経』によって弥陀をたたえた曇鸞の「讃阿弥陀仏偈」にもとづく「讃阿弥陀仏偈和讃」をかかげて序讃とし、つぎにこの一帖の中心である「浄土和讃」を置いて浄土三経の意をあかし、最後に「諸経意弥陀和讃」等を収めて釈尊一代の諸経の本意が結局弥陀の本願にあることをあらわしている。『高僧和讃』は、浄土真宗の教義の伝統を、インド・中国・日本の三国にわたる七高僧について讃詠されたものであり、『正像末和讃』は正像末の三時における仏教の興廃を述べ、末法の時機に弥陀の本願のみが世を救うことを強調し、かつ宗祖自らの信念を述懐されたものである。これらの和讃は一時に成ったものではなく、一応脱稿されてから後も、つねに加筆訂正されたものであることは、草稿本・顕智書写本等の古写本・文明版本のそれぞれが内容を異にしていることからも明らかである。そして『浄土和讃』と『高僧和讃』とは宝治二年（一二四八）にひとまず成稿しており、『高僧和讃』はその後あまり添削されていない。また『正像末和讃』は、正嘉元年（一二五七）には一応『正像末法和讃』としてまとめられ、その後も増広されたようである。現在、両本願寺が依用する三帖和讃は、文明五年（一四七三）蓮如が開版したものである。

浄《じょう》土《ど》和《わ》讃《さん》

9　浄土和讃

一　弥陀《みだ》の名号《みょうごう》となえつつ
　信心まことにうるひとは
　憶念《おくねん》の心《しん》つねにして
　仏恩《ぶっとん》報ずるおもいあり

南無阿弥陀仏ととなえ、この私を救いたもう弥陀の本願を疑いなく信じている人は、そのありがたさをつねに思い、仏恩に報いようとする心が絶えることがない。

二　誓願《せいがん》不思議をうたがいて
　御名《みな》を称する往生は
　宮殿《くでん》のうちに五百歳《さい》
　むなしくすぐとぞときたまう

私たちをこのままの身で救いたもう誓願を信じることができないままで、南無阿弥陀仏ととなえて往生する者は、疑城胎宮に五百年間とじこめられて、仏を見たてまつらぬと『大無量寿経』に説かれている。

曇鸞和尚造りたもう『讃阿弥陀仏偈』には次のように讃えられている。

南無阿弥陀仏　釈して〝無量寿傍経〟と名づけ、賞めたてまつって〝安養〟という

阿弥陀仏は成仏されてよりこのかた、すでに十劫を経ておられる。その寿命はまさに量があることがない。

その法身の光輪は法界にあまねいて、冥盲なるいっさい衆生を照したもう。しかるがゆえに頂礼したてまつる。

阿弥陀仏はまた、無量光と真実明と名づける。

また、無辺光と平等覚と名づける。

また、無碍光と難思議と名づける。

また、無対光と畢竟依と名づける。

また、光炎王と大応供と名づける。

また、清浄光と名づけ、また、歓喜光と名づける。

また、大安慰と智慧光と名づける。

また、不断光と名づけ、また、難思光と名づける。

また、無称光と名づけ、また、超日月光と名づけたてまつる。

無等等　広大会　大心海　無上尊　平等力

大心力　無称仏　婆伽婆　講堂　清浄大摂受　不可思議尊　道場樹　真無量　清浄楽《がく》
本願功徳聚　清浄勲　功徳蔵　無極尊　南無不可思議光
以上は阿弥陀仏の尊号である。〈以上、略して抄出〉

龍樹の『十住毘婆娑論』にいわく。

自在人にわれ礼したてまつり、清浄人に帰命したてまつり、無量徳に称讃したてまつる。〈以上〉

讃《さん》阿《あ》弥《み》陀《だ》仏《ぶつ》偈《げ》和《わ》讃《さん》

愚《ぐ》禿《とく》親《しん》鸞《らん》作《さく》

南《な》無《む》阿《あ》弥《み》陀《だ》仏《ぶつ》

一 弥《み》陀《だ》成《じょう》仏《ぶつ》のこのかたは
いまに十劫《じっこう》をへたまえり
法身《ほっしん》の光輪きわもなく
世《せ》の盲冥《もうみょう》をてらすなり

法蔵菩薩が誓願を成就され阿弥陀仏となられてから、すでに十劫という長い時が過ぎている。形なき真理の身から放たれる光は、全宇宙に行きわたり、煩悩に迷っている衆生を照らしたもう。

二 智慧《ちえ》の光明はかりなし
有量《うりょう》の諸相ことごとく
光暁《こうきょう》かぶらぬものはなし
真実明《しんじつみょう》に帰命《きみょう》せよ

弥陀の智慧の光明の功徳は限りがない。限りある命をもつすべての生きとし生けるもので、その光の功徳に照らされない者はない。真実なる光明の功徳をお備えになった阿弥陀仏を、ただ頼みとせよ。

三 解脱《げだつ》の光輪《こうりん》きわもなし
光触《こうそく》かぶるものはみな
有無《うむ》をはなるとのべたまう
平等覚《かく》に帰命《きみょう》せよ

衆生に悟りを開かしめたもう弥陀の光は、あまねく全宇宙を照らしている。照らされる者はみな、有無にとらわれた迷いの見解を離れると説きたもう。一切衆生を等しくお救いくださる阿弥陀仏を、ただ頼みとせよ。

四 光雲《こううん》無《む》礙《げ》如《にょ》虚空《こくう》
一切の有碍《うげ》にさわりなし
光沢《こうたく》かぶらぬものぞなき
難思議を帰命《きみょう》せよ

何ものにも妨げられない弥陀の光は、虚空のようにあまねく行きわたっている。いかなる障害にも邪魔されず、照らされる者に智慧をあたえたもう。人びとの思慮のおよばぬ徳を備えた阿弥陀仏を、ただ頼みとせよ。

五 清浄《しょうじょう》光明ならびなし
遇斯光《ぐしこう》のゆえなれば
一切の業繋《ごうけ》ものぞこりぬ
畢竟依《ひっきょうえ》を帰命《きみょう》せよ

阿弥陀仏の清浄なる光は、他にならぶものがない。この光に照らされるゆえに、私たちは無限の過去から造りつづけてきた悪業の束縛より解き放たれ、地獄に堕ちることがない。一切衆生の最後のよりどころである阿弥陀仏を、ただ頼みとせよ。

六 仏光照曜最第一《ぶっこうしょうようさいだいいち》
光炎王仏《こうえんのうぶつ》となづけたり
三塗《さんず》の黒闇《こくあん》ひらくなり
大応供《だいおうぐ》を帰命《きみょう》せよ

七 道光明朗超絶《どうこうみょうろうちょうぜつ》せり
清浄光仏《しょうじょうこうぶつ》ともうすなり
ひとたび光照《こうしょう》かぶるもの
業垢《ごうく》をのぞき解脱をう

八 慈光《じこう》はるかにかぶらしめ
ひかりのいたるところには
法喜《ほうき》をうとぞのべたまう
大安慰《だいあんに》を帰命《きみょう》せよ

阿弥陀仏の光の輝やかしさは、もっとも秀れたものである。それゆえに光炎王仏とも名づけられる。地獄・餓鬼・畜生という迷いの暗黒を破り、明らかに照らしたもう。すべての者が身を捧げるにふさわしい阿弥陀仏を、ただ頼みとせよ。

悟りの身より放ちたもう光明は明朗であり、他に超えて勝れている。それゆえに清浄なる光の仏とも名づけられる。ひとたびこの光に照らされる者は、悪業煩悩を残りなく除かれ、悟りを開かせていただける。

弥陀の慈悲の光は涯しない彼方を照らしたまい、照らし出された人びとは、救いの教えに出会えた喜びに満たされる。煩悩に苦しむ者に大いなる安心と慰めを与えてくださる阿弥陀仏を、ただ頼みとせよ。

九 無明《むみょう》の闇《あん》を破《は》するゆえ
智慧光《ちえこう》仏となづけたり
一切諸仏三乗衆《さんじょうしゅ》
ともに嘆誉《たんよ》したまえり

一〇 光明てらしてたえざれば
不断光《ふだんこう》仏となづけたり
聞光力《もんこうりき》のゆえなれば
心不断《しんふだん》にて往生す

一一 仏光測量《しきりょう》なきゆえに
難思光《なんしこう》仏となづけたり
諸仏は往生嘆《たん》じつつ
弥陀《みだ》の功徳を称せしむ

私たちの無知の闇を明らかに破りたもうゆえに、すべての仏の智慧をかねそなえた智慧光仏とも名づけられる。全宇宙のみ仏たちも、仏道修行に励んでいるすべての菩薩や縁覚や声聞も、声をあわせてこのみ仏を誉め讃えておられる。

阿弥陀仏の光明は、絶えまなく人びとを照らしている。それゆえに不断光仏とも名づけられる。一切衆生をたえず照らし護りたもう弥陀の光の功徳を、信じて疑うことがないゆえに、命終わるまで、安心の心が絶えることなく往生できる。

阿弥陀仏の光明の功徳は、だれにも推し測れないほど秀れている。それゆえに難思光仏とも名づけられる。全宇宙のみ仏たちは、悪業の凡夫をも往生せしめられることを嘆称し、阿弥陀仏の功徳を称讃される。

一二
神光《じんこう》の離相《りそう》をとかざれば
無称光仏《むしょうこう》となづけたり
因光成仏《いんこうじょうぶつ》のひかりをば
諸仏の嘆《たん》ずるところなり

一三
光明月日《つきひ》に勝過《しょうが》して
超日月光《ちょうにちがっこう》となづけたり
釈迦嘆《しゃかたん》じてなおつきず
無等等《むとうどう》を帰命《きみょう》せよ

一四
弥陀初会《みだしょえ》の聖衆《しょうじゅ》は
算数《さんじゅ》のおよぶことぞなき
浄土《じょうど》をねがわんひとはみな
広大会《こうだいえ》を帰命《きみょう》せよ

阿弥陀仏の威力ある光明は、姿を離れた絶対の功徳である。表わす言葉はなく、説明もできない。それゆえに言葉を超えた無称光仏とも名づけられる。光明無量の仏となろうとの、誓いを成就されての光明であるゆえに、すべての仏が誉めたもう。

阿弥陀仏の光明は、陽や月よりはるかに秀れている。それゆえに超日月光仏とも名づけられる。釈尊がこれを讃えたもうとも、言葉を尽すことができなかった。他に等しいもののない、類いまれなる阿弥陀仏を、ただ頼みとせよ。

阿弥陀仏が仏と成られた時、その場に集まっておられた聖なる衆は、数えきれぬほど多かった。浄土への往生を願う人びとは、彼処《かしこ》において、ご自分と等しい悟りを開かしめたもう阿弥陀仏を、ただ頼みとせよ。

一五 安楽《あんらく》無量の大菩薩《だいぼさつ》
一生補処《いっしょうふしょ》にいたるなり
普賢《ふげん》の徳に帰《き》してこそ
穢国《えこく》にかならず化《け》するなれ

一六 十方《じっぽう》衆生のためにとて
如来《にょらい》の法蔵あつめてぞ
本願弘誓《ぐぜい》に帰《き》せしむる
大心海《だいしんかい》を帰命《きみょう》せよ

一七 観音勢至《かんのんせいし》もろともに
慈光《じこう》世界を照曜《しょうよう》し
有縁《うえん》を度《ど》してしばらくも
休息《くそく》あることなかりけり

安楽の浄土にいる無数の菩薩たちは、すべてが、かならず仏となるという菩薩の最高の位をきわめる。その上で、最高の慈悲のある普賢菩薩にならって、ふたたび迷いの世に還りきたり、衆生を教化して浄土へ往生せしめられる。

浄土の菩薩たちは全宇宙の衆生を救わんがため、あらゆる仏の功徳を修めることで他を教化する力を身につけ、弥陀の本願に人びとを帰依せしめられる。かかる働きを菩薩たちに行わしめられる、広く深いみ心の阿弥陀仏を、ただ頼みとせよ。

観世音菩薩と勢至菩薩はともに、すべての衆生を救わずにはおられぬ慈悲の光でもって、全宇宙を明るく照らしたまい、縁のつながった者を悟りへみちびかれる。その働きは、一時も休むことなく続けられている。

一八　安楽浄土《あんらくじょうど》にいたるひと
五濁悪世《ごじょくあくせ》にかえりては
釈迦牟尼仏《しゃかむにぶつ》のごとくにて
利益《りやく》衆生はきわもなし

一九　神力《じんりき》自在《じざい》なることは
測量《しきりょう》すべきことぞなき
不思議の徳をあつめたり
無上尊を帰命《きみょう》せよ

二〇　安楽声聞菩薩衆《あんらくしょうもんぼさつしゅ》
人天《にんでん》智慧《ちえ》ほがらかに
身相《しんそう》荘厳《しょうごん》みなおなじ
他方《たほう》に順じて名をつらぬ

安楽の浄土に往生して悟りをひらいた人びとは、ふたたび悪のきわまりない現世に還りきたり、釈迦牟尼仏と同様に、大いなる安らぎをあたえる働きを、限りなく続けることができる。

浄土の菩薩たちが神通力をそなえて自由自在の働きを為したもうさまは、私たちにはとても推し測れるものではない。その菩薩たちの働きは、弥陀が積みたもうた測り知れない功徳のたまものである。この上なく尊い阿弥陀仏を、ただ頼みとせよ。

安楽の浄土に住む声聞も菩薩も、人間も天人もすべて明らかな智慧を得ている。姿も身のかざりも同一であり、異るところはない。呼び名のみに相違があるのは、他の差別ある世界になぞらえて、仮りに呼んでいるゆえにすぎない。

二〇　顔容端正《げんようたんじょう》たぐいなし
精微妙軀《しょうみみょうく》非人天《ひにんでん》
虚無之身《こむししん》無極体《むごくたい》
平等力《りき》を帰命《きみょう》せよ

二一　安楽国《あんらくこく》をねがうひと
正定聚《しょうじょうじゅ》にこそ住すなれ
邪定《じゃじょう》不《ふ》定聚《じょうじゅ》くにになし
諸仏讃嘆《さんだん》したまえり

二二　十方諸有《じっぽうしょう》の衆生は
阿弥陀《あみだ》至徳の御名《みな》をきき
真実信心いたりなば
おおきに所聞《しょもん》を慶喜《きょうき》せん

浄土の菩薩の顔容《かんばせ》は端正であり、他に比べるものはない。体つきは精妙であって、人間や天人の姿を超えている。色も形もない、真理そのものを悟った身であるゆえである。かかる平等の悟りを得られた阿弥陀仏を、ただ頼みとせよ。

安楽の浄土への往生をねがう者は、すべてが、「かならず仏となる者」となる。自力の善をたのむ「成仏が不確かな者」も、自力で念仏する「成仏が疑わしい者」も、彼処《かしこ》にはいない。全宇宙のみ仏たちが、かかる浄土を讃嘆したもう。

全宇宙一切の衆生が、阿弥陀仏のすべての功徳のこもるみ名を聞いて、その名の功徳でもって往生せしめられると疑いなく信じるならば、かならずやその類いまれなる名号を心から、そして体でもっても喜ぶであろう。

二四 若不生者《にやくふしようじや》のちかいゆえ
信楽《しんぎよう》まことにときいたり
一念慶喜《きようき》するひとは
往生かならずさだまりぬ

二五 安楽《あんらく》仏土の依正《えしよう》は
法蔵願力《がんりき》のなせるなり
天上《じよう》天下《げ》にたぐいなし
大心力《だいしんりき》を帰命《きみよう》せよ

二六 安楽国土《あんらくこくど》の荘厳《しようごん》は
釈迦無碍《しやかむげ》のみことにて
とくともつきじとのべたまう
無称《むしよう》仏を帰命《きみよう》せよ

法蔵菩薩の誓願は、「私の本願を信じて念仏する者で、往生しない者があれば私は仏と成らない」というおん誓いである。それゆえに、信じる心が真に定まる時がいたって、信心を喜ぶ人は、まさにその時に、往生が決定している。

安楽の浄土にお住まいの阿弥陀仏も、その国土も、すべてが法蔵菩薩の誓願の果報である。その秀いでたさまは、天上天下に比べられるものがない。かかる浄土を完成された、大いなる誓願の力を身に備えたもう阿弥陀仏を、ただ頼みとせよ。

安楽浄土の秀いでたさまは、いっさいを巧みに説きたもう釈尊の能力をもってしても、言い尽し難いと説かれている。かかる浄土を造りたもうた、言葉にあらわしがたい阿弥陀仏を、ただ頼みとせよ。

二七　已今当《いこんとう》の往生は
　この土《ど》の衆生のみならず
　十方《じっぽう》仏土よりきたる
　無量無数《むしゅ》不可計《ふかけ》なり

二八　阿弥陀仏《あみだぶつ》の御名《みな》をきき
　歓喜讃仰《かんぎさんごう》せしむれば
　功徳の宝《ほう》を具足して
　一念大利無上なり

二九　たとい大千世界に
　みてらん火をもすぎゆきて
　仏《ぶつ》の御名《みな》をきくひとは
　ながく不退にかなうなり

極楽浄土へすでに往生した者、今往生する者、将来往生するであろう者は、ただこの娑婆世界の者だけではない。あらゆる世界すべての仏国土から、彼処《かしこ》へ往生する。その数は無量無数であって、数えることはできない。

阿弥陀仏のみ名を聞いて、喜び誉め讃えるならば、み名にこめられている功徳の宝を、そのまま頂くことができる。一声の念仏によって、必ず悟りを開くことができる身となるという、無上の大利益が得られる。

たとえ燃えさかる火が、全宇宙を覆うようであっても、ものともせずくぐり抜けて、阿弥陀仏のみ名を聞こうと努め、聞くことができた人は、かならず成仏が決まった人となる。

二〇 神力無極《じんりきむごく》の阿弥陀《あみだ》は
無量の諸仏ほめたまう
東方恒沙《とうぼうごうじゃ》の仏国《ぶっこく》より
無数《むしゅ》の菩薩《ぼさつ》ゆきたまう

二一 自余の九方《くほう》の仏国《ぶっこく》も
菩薩《ぼさつ》の往覲《おうごん》みなおなじ
釈迦牟尼如来偈《しゃかむににょらいげ》をときて
無量の功徳をほめたまう

二二 十方《じっぽう》の無量菩薩衆《ぼさつしゅ》
徳本《とくほん》うえんためにとて
恭敬《くぎょう》をいたし歌嘆《かたん》す
みなひと婆伽婆《ばかば》を帰命《きみょう》せよ

神通力をそなえて自由自在な阿弥陀仏を、数かぎりないみ仏たちが誉め讃えておられる。極楽浄土の東方の、ガンジス河の砂の数ほどもある仏国土から、数かぎりない菩薩たちが、阿弥陀仏の供養のために彼処《かしこ》へ詣《もう》でてこられる。

東方以外の、南・西・北・下・上・東南・西南・西北・東北九方の仏国土からも、ひとしく無数の菩薩が彼処《かしこ》へ詣《もう》でて、阿弥陀仏を見たてまつる。釈迦牟尼如来は『大無量寿経』の中で讃歌を説かれ、阿弥陀仏の無量の功徳を誉め讃えておられる。

極楽浄土へ詣《もう》でる全宇宙の無数の菩薩たちは、よろずの功徳の根本であり、悟りをひらくための最勝の行である念仏の行を修めようがため、阿弥陀仏を敬い尊び、声に出して誉め讃える。かかる大功徳をそなえた阿弥陀仏を、ただ頼みとせよ。

二三 七宝講堂道場樹《しっぽうこうどうどうじょうじゅ》
方便化身《ほうべんけしん》の浄土《じょうど》なり
十方来生《じっぽうらいしょう》きわもなし
講堂道場礼《らい》すべし

二四 妙土《みょうど》広大超数限《ちょうしゅげん》
本願荘厳《しょうごん》よりおこる
清浄大摂受《しょうじょうだいしょうじゅ》に
稽首《けいしゅ》帰命《きみょう》せしむべし

二五 自利利他円満して
帰命方便巧荘厳《きみょうほうべんぎょうしょうごん》
こころもことばもたえたれば
不可思議尊を帰命《きみょう》せよ

七種の宝でできた講堂も菩提樹も、衆生に往生の心を起こさしめるために現われでている方便の浄土である。それゆえにこそ、全宇宙から来生する者は数かぎりない。かかる巧みな手段をつくしたもう阿弥陀仏を、敬い尊べ。

広大無限精妙なる浄土は、すべて法蔵菩薩の本願の完成の現われである。そこに一切衆生を収めとりたもう阿弥陀仏を、大地に頭をつけて敬い尊び、ただ頼みとせよ。

弥陀はみずから成仏したまい、他者を成仏せしめる道を完成しておられる。そのために造りたもうた極楽浄土の秀いでたさまは、想像も言葉もおよばない。かかる浄土を完成された阿弥陀仏を、ただ頼みとせよ。

二六
神力《じんりき》本願及《ぎゅう》満足
明了《みょうりょう》堅固《けんご》究竟願《くきょうがん》
慈悲方便《じひほうべん》不思議なり
真無量を帰命《きみょう》せよ

二七
宝林宝樹《ほうりんほうじゅ》微妙音《みみょうおん》
自然清和《じねんしょうわ》の伎楽《ぎがく》にて
哀婉雅亮《あいえんがりょう》すぐれたり
清浄楽《しょうじょうがく》を帰命《きみょう》せよ

二八
七宝樹林《しっぽうじゅりん》くににみつ
光耀《こうよう》たがいにかがやけり
華菓枝葉《けかしよう》またおなじ
本願功徳聚《じゅ》を帰命《きみょう》せよ

弥陀の威神力と法蔵菩薩の本願力は、完全であって確実堅固なるものであり、かならず成就しようとの誓願である。その誓願は、すべての者を救おうとの慈悲の心より起こされた。慈悲きわまりない阿弥陀仏を、ただ頼みとせよ。

宝林宝樹がかなでる微妙の音は、自然に清らかな音楽となっている。哀れにたおやかで、正しく冴えわたっている。この音楽を聞く者は、正しい悟りを開かしめられる。かくも清浄なる音楽を聞かせられる阿弥陀仏を、ただ頼みとせよ。

浄土には七種の宝でできた樹林が満ちている。それらは光り輝き、たがいに照らしあっている。華も実も枝も葉も同様である。このような功徳だけではなく、あらゆる功徳を集めておられる阿弥陀仏を、ただ頼みとせよ。

三九 清風宝樹《しょうふうほうじゅ》をふくときは
いつつの音声《おんじょう》いだしつつ
宮商《きゅうしょう》和《わ》して自然《じねん》なり
清浄勲《しょうじょうくん》を礼《らい》すべし

清らかな風に宝樹がそよぐとき、五つの楽音が流れ出る。それらは自然に妙えなる和音をかなでる。香気すらもこもる清浄なる音楽をかなでたもう阿弥陀仏を、敬い尊べ。

四〇 一一のはなのなかよりは
三十六百千億の
光明てらしてほがらかに
いたらぬところはさらになし

浄土の池に咲きいずる蓮の華の一つ一つから、三十六色無数の光が放たれる。無量の光はたがいに照らしあい、透明ですがすがしく、とどかぬ所はない。

四一 一一のはなのなかよりは
三十六百千億の
仏身もひかりもひとしくて
相好金山《そうごうこんぜん》のごとくなり

一つ一つの蓮の華から、三十六色の無数の光が放たれ、その光の中に、また同じ数の仏が現われたもう。普通の人間にはない、仏だけが身にそなえておられる三十二相八十随形好の秀いでたさまは、黄金の山のようである。

四二 相好《そうごう》ごとに百千の
ひかりを十方《じっぽう》にはなちてぞ
つねに妙法《みょうほう》ときひろめ
衆生を仏道にいらしむる

四三 七宝《しっぽう》の宝池《ほうち》いさぎよく
八功徳水《はっくどくしい》みちみてり
無漏《むろ》の依果《えか》不思議なり
功徳蔵を帰命《きみょう》せよ

四四 三塗《ず》苦難ながくとじ
但有《たんう》自然《じねん》快楽《けらく》音《おん》
このゆえ安楽《あんらく》となづけたり
無極《むごく》尊を帰命《きみょう》せよ

仏だけにある三十二の相の一つ一つから、百千の光を全宇宙に放っておられる。その光を通して、すべての者が救われる念仏の教えを常に説かれ、一切衆生を仏道に向かわしめておられる。

七種の宝でできた池は清らかで、八つの功徳をそなえた水を満満とたたえている。煩悩の汚れのない浄土のありさまは、人間の思慮を超えた不思議に満ちている。このような功徳のことごとくを集めておられる阿弥陀仏を、ただ頼みとせよ。

浄土には地獄・餓鬼・畜生の世界の苦しみも、苦という言葉さえもない。宝池の水は自然に快い音を出して法を説く。それゆえに、安楽の浄土と名づけられる。この浄土の主である最も尊い阿弥陀仏を、ただ頼みとせよ。

四五　十方三世《じっぽうさんぜ》の無量慧《え》
おなじく一如《いちにょ》に乗じてぞ
二智《にち》円満道《どう》平等
摂化随縁《せっけずいえん》不思議なり

四六　弥陀《みだ》の浄土《じょうど》に帰《き》しぬれば
すなわち諸仏に帰《き》するなり
一心をもちて一仏を
ほむるは無礙人《むげにん》をほむるなり

四七　信心歓喜慶所聞《かんぎきょうしょもん》
乃曁《ないかい》一念至心者《ししんしゃ》
南無《なむ》不可思議光仏
頭面《ずめん》に礼《らい》したてまつれ

全宇宙のいつの時代にも世に出でたもう、無量の智慧を得られたみ仏たちは、不思議にも同一の悟りをひらいておられる。真実・方便の二つの知を完成し、衆生を同一の仏道にみちびきつつ、機に応じた教えを説きたもう。

阿弥陀仏とその浄土に帰依することは、すべてのみ仏に帰依することである。他力の信心をいただいて、阿弥陀仏を信じて感謝し誉め讃えることは、同じく一切衆生を救いたもう、すべてのみ仏を誉めることである。

信心を得てかならず往生できると、阿弥陀仏の本願を喜び、たとえ一度でも心から信じた者は、一切衆生を照らし収めとりたもう南無不可思議光仏を、み足を頭《こうべ》にいただいて敬い尊べ。

四八 仏慧《ぶって》功徳をほめしめて
十方《じっぽう》の有縁《うえん》にきかしめん
信心すでにえんひとは
つねに仏恩《ぶっとん》報ずべし

已上四十八首　愚禿親鸞作

阿弥陀如来《あみだにょらい》
観世音菩薩
大勢至菩薩

釈迦牟尼如来《しゃかむににょらい》
富楼那尊者
大目犍連
阿難尊者

頻婆娑羅王《びんばしゃらおう》
韋提夫人
耆婆大臣
月光大臣

提婆尊者《だいばそんじゃ》
阿闍世王
雨行大臣
守門者

一切衆生をお救いくださる阿弥陀仏の智慧と功徳を誉め讃え、縁のあるあらゆる人びとに聞かしめよう。本願を疑いなく信じ得た者は、常に仏恩に報いようと念仏し、他の人びとにも勧めよ。

浄土和讃《じょうどわさん》

愚禿親鸞作

大経意《だいきようのこころ》　二十二首

一 尊者阿難座《そんじゃあなんざ》よりたち
世尊《せそん》の威光《いこう》を瞻仰《せんごう》し
生希有心《しょうけうしん》とおどろかし
未曽見《みぞうけん》とぞあやしみし

阿難尊者は、思わず座より立ち上がって釈尊の威光を仰ぎ見た。あまりに有り難いお姿であると驚きの心を起こし、今までに見たこともない尊さに、どうなさったのであろうといぶかしく思った。

二 如来《にょらい》の光瑞希有《こうずいけう》にして
阿難《あなん》はなはだこころよく
如是之義《にょぜしぎ》ととえりしに
出世《しゅつせ》の本意あらわせり

阿難尊者は希有の瑞相の真意をよくわきまえつつ、釈尊に理由をお尋ねした。釈尊はそれを端緒に、自分がこの世に生まれでた本意は、弥陀の本願を説くことであると仰せられた。

三 大寂定《だいじゃくじょう》にいりたまい
如来《にょらい》の光顔《こうげん》たえにして
阿難《あなん》の恵見《えけん》をみそなわし
問斯恵義《もんしえぎ》とほめたまう

四 如来興世《にょらいこうせ》の本意には
本願真実ひらきてぞ
難値難見《なんちなんけん》とときたまい
猶霊瑞華《ゆれいずいけ》としめしける

五 弥陀成仏《みだじょうぶつ》のこのかたは
いまに十劫《じっこう》とときたれど
塵点久遠劫《じんでんくおんごう》よりも
ひさしき仏《ぶつ》とみえたまう

釈尊はそれまで阿弥陀仏を念じる禅定に入っておられ、それゆえに妙えなるお顔をしておられた。それに気づいた阿難の恵眼をごらんになり、自分が阿弥陀仏と同じすぐれた智慧の中に入っていることを、よくぞ問うたと誉めたもうた。

釈尊がこの世に出でたもうた本意は、弥陀の本願の真実を説くことである。しかし、この真実教に会うことは容易でないと説かれ、まさに、三千年に一度咲く優曇華を見るに等しいと示したもうた。

法蔵菩薩が阿弥陀仏と成られてから、これまでに十劫の時が過ぎたと『大無量寿経』には説かれている。しかし他の経典を拝見すれば、無限の過去、久遠の昔に、すでに仏と成られたとある。

六 南無《なむ》不可思議光仏
饒王仏《にょうおうぶつ》のみもとにて
十方浄土《じっぽうじょうど》のなかよりぞ
本願選択《せんじゃく》　摂取《せっしゅ》する

七 無礙《むげ》光仏《こうぶつ》のひかりには
清　浄　歓喜《しょうじょうかんぎ》智慧《ちえ》光
その徳不可思議にして
十方諸有《じっぽうしょう》を利益《りやく》せり

八 至心信楽《しんぎょう》欲生《よくしょう》と
十方諸有《じっぽうしょう》をすすめてぞ
不思議の誓願《せいがん》あらわして
真実報土の因とする

本より仏であられた南無不可思議光仏（阿弥陀仏）は、法蔵菩薩となって現われたまい、世饒王仏のもとで修行された。そこで全宇宙の仏国土をごらんになり、それらの長所のすべてを選びとり、欠陥のすべてを捨てた浄土を造ろうと願われた。

いかなる悪業煩悩にも妨げられない阿弥陀仏の光の中には、人の心を清浄にし、喜びに満たし、物事を正しく見る智慧を与えるという不思議な働きがある。そして全宇宙の衆生に、開悟という大利益を与えられる。

阿弥陀仏は第十八の願で、「この本願を心から信じて浄土に生まれようと願え」と、全宇宙の衆生に命じ勧めておられる。弥陀はこの不思議の誓願を明示して、これを聞き信じることが、真実報土へ往生できる原因であるとしたもう。

九 真実信心うるひとは
すなわち定聚《じょうじゅ》のかずにいる
不退のくらいにいりぬれば
かならず滅度《めつど》にいたらしむ

一〇 弥陀《みだ》の大悲ふかければ
仏智《ぶっち》の不思議をあらわして
変成男子《へんじょうなんし》の願をたて
女人成仏《にょにんじょうぶつ》ちかいたり

一一 至心発願欲生《ほつがんよくしょう》と
十方《じっぽう》衆生を方便《ほうべん》し
衆善《しゅぜん》の仮門《けもん》ひらきてぞ
現其《げんご》人前《にんぜん》と願じける

弥陀の本願を疑いなく信じる人は、そくざに、かならず往生できると約束された人びとの仲間となる。往生が約束されて、ふたたび迷いの世界に退かない位に住む。それゆえに、かならず悟りをひらくことができる。

諸仏のあらゆる功徳を備えられた阿弥陀仏の慈悲は、この上なく深い。この慈悲から、不思議の仏智の働きをあらわされ、女性を男性の姿に変えて浄土へ往生せしめようと誓われた。これによって、女性のいない浄土へ、女性が往生できる。

いっぽう第十九の願には、「心からもろもろの善行をおこないつつ往生を願え」とある。これは仮りの法門であって、自力の善行にたよる者たちは、死ぬまで往生が確信できない。それゆえにこそ弥陀は、臨終時に迎えにゆくと誓いたもうた。

一二臨終《りんじゅ》現前の願により
釈迦《しゃか》は諸善をことごとく
観経《かんぎょう》一部にあらわして
定散《じょうさん》諸機をすすめけり

一三諸善万行《まんぎょう》ことごとく
至心発願《ほつがん》せるゆえに
往生浄土《じょうど》の方便《ほうべん》の
善とならぬはなかりけり

一四至心回向《えこう》欲生《よくしょう》と
十方《じっぽう》衆生を方便《ほうべん》し
名号《みょうごう》の真門《しんもん》ひらきてぞ
不果遂者《ふかすいしゃ》と願じける

釈尊はこの第十九の臨終現前の願にもとずいて、往生のために必要な自力の善行を、すべて『観無量寿経』に説き明かされた。かくすることによって、自力の善に執着する人びと（定散諸機）にも、その心のままでもよいから往生せよと勧められた。

自力でおこなう善行や修行の一切は、第十九願に、それらを行なう人びとをも往生せしめようと、阿弥陀仏が心から誓っておられる。それゆえに、浄土へ往生するための仮りの善行となっている。

また第二十願には、「心から念仏をとなえて、その功徳を浄土へ廻向し往生を願え」と誓われている。阿弥陀仏はこのように、自力の念仏でも往生できる仮りの門（真門）を開きたまい、これらの者もかならず往生させようと願われた。

一五 果遂《かすい》の願によりてこそ
釈迦《しやか》は善本徳本《ぜんぽんとくほん》を
弥陀経《みだきよう》にあらわして
一乗の機をすすめける

一六 定散自力《じようさんじりき》の称名《しようみよう》は
果遂《かすい》のちかいに帰《き》してこそ
おしえざれども自然《じねん》に
真如《しんによ》の門に転入《てんにゆう》する

一七 安楽浄土《あんらくじようど》をねがいつつ
他力《たりき》の信をえぬひとは
仏智《ぶつち》不思議をうたがいて
辺地懈慢《へんじけまん》にとまるなり

釈尊はこの第二十の果遂の願にもとずいて、あらゆる善とすべての徳の根本である阿弥陀仏の名号のいわれを、『阿弥陀経』に説き明かされた。かくすることによって、ただ念仏のみを頼みとする人びとに往生を勧められた。

一心に念仏を称える者も、功徳を積むために念仏する者も、第二十願に、それらの者もかならず浄土に往生させると誓われてある。それゆえにかかる自力の念仏者も、真如を悟る他力念仏の門（真如の門＝第十八願）へ、自然に帰せしめられてゆく。

安楽浄土に往生したいと願いながらも、他力の信を得ず、自力の修行や功徳で往生しようとする者は、善人も悪人も平等に助たもう弥陀の不思議の仏智を疑っている。それゆえに真実の浄土から遠く離れた、辺地懈慢の浄土にしか往生できない。

一八 如来《にょらい》の興世《こうせ》にあいがたく
諸仏の経道《きょうどう》ききがたし
菩薩《ぼさつ》の勝法《しょうぼう》きくことも
無量劫《こう》にもまれらなり

一九 善知識《ぜんじしき》にあうことも
おしうることもまたかたし
よくきくこともかたければ
信ずることもなおかたし

二〇 一代諸教の信よりも
弘願《ぐがん》の信楽《しんぎょう》なおかたし
難中之難《なんちゅうしなん》とときたまい
無過此難《むかしなん》とのべたまう

釈尊の在世時に生まれることはむつかしく、諸仏の教えを聞いて信じることもむつかしい。菩薩が修行される姿を見ることもむつかしい。無限の長時間生まれ変わり死に変わりしようとも、まったくまれにしか出会えない。

真実の教えを説く善き指導者に出会うことも、師がよく他を教え導くこともともにむつかしい。真実の教えをよく聞くこともむつかしければ、信じることはなおむつかしい。

釈尊が生涯をかけて説かれた教えを信じることよりも、善人も悪人も平等に救いたもう阿弥陀仏の広大なる誓願を信じることのほうがむつかしい。『大無量寿経』には、難中の難と説かれ、これにすぎたる難事はないと言われている。

二 念仏成仏《じょうぶつ》これ真宗
　万行《まんぎょう》諸善これ仮門《けもん》
　権実真仮《ごんじつしんけ》をわかずして
　自然《じねん》の浄土《じょうど》をえぞしらぬ

念仏によって仏となるのが本願真実の教えである。よろずの修行や善行で仏と成ることを説く教えは、すべて仮りの法門である。真実の教えと仮りの教えとをわきまえぬゆえに、弥陀のみちびきによって悟りをひらくことができる浄土を知りもしない。

三 聖道権仮《しょうどうごんけ》の方便《ほうべん》に
　衆生ひさしくとどまりて
　諸有《しょう》に流転の身とぞなる
　悲願の一乗帰命《きみょう》せよ

自力難行の道を説く聖道門は、浄土の教えに帰依せしめるための手段にすぎない。人びとはその聖道門にのみとどまって、迷いの世界を流転している。すべての者をともに救いたもう弥陀の大慈悲の本願を、ただ頼みとせよ。

已上大経意

観経意《かんぎょうのこころ》　九首

37　浄土和讃

一 恩徳《おんどく》広大釈迦《しゃか》如来《にょらい》
　韋提夫人《いだいぶにん》に勅《ちょく》してぞ
　光台現国《げんごく》のそのなかに
　安楽《あんらく》世界をえらばしむ

二 頻婆娑羅《びんばしゃら》王勅《ちょく》せしめ
　宿因《しゅういん》その期《ご》をまたずして
　仙人殺害《せんにんせつがい》のむくいには
　七重《しちじゅう》のむろにとじられき

三 阿闍世王《あじゃせおう》は瞋怒《しんぬ》して
　我母是賊《がもぜぞく》としめしてぞ
　無道に母《はは》を害せんと
　つるぎをぬきてむかいける

慈悲の徳が広大であって、弥陀の本願を説くために世に出でたもうた釈尊は、韋提希夫人のために、あらゆるみ仏が造りたもうた国土を、み光の中に示された。夫人は弥陀の浄土への往生を望み、釈尊はそのための教えを説き出だされた。

頻婆娑羅王は性急に嗣子を望み、部下に命じて、わが子に生まれ変わるべき仙人を、寿命の尽きるのを待たず殺させた。その悪業の報いとして、後に当の子供の阿闍世によって、七重の囲いのある室に閉じ込められた。

阿闍世王は、餓死させようとした父王に、秘かに食事を与えていた韋提希に激怒した。わが母も父と同様に賊であると宣言し、無道にも、実の母を殺そうと剣を抜いておそいかかった。

四
耆婆月光《ぎばがっこう》ねんごろに
是旃陀羅《ぜせんだら》とはじしめて
不宜住此《ふぎじゅうし》と奏《そう》してぞ
闍《しゃ》王の逆心いさめける

五
耆婆《ぎば》大臣おさえてぞ
却行而退《きゃくぎょうにたい》せしめつつ
闍《しゃ》王つるぎをすてしめて
韋提《いだい》をみやに禁じける

六
弥陀釈迦方便《みだしゃかほうべん》して
阿難目連富楼那韋提《あなんもくれんふるないだい》
達多闍王頻婆娑羅《だったしゃおうびんばしゃら》
耆婆月光行雨等《ぎばがっこうぎょううとう》

耆婆と月光の両大臣は、自分の母を殺害するのは人非人の所行であると恥ずかしめ、城より出でよと宣言して、阿闍世王の大悪行をいさめた。

耆婆大臣は手で阿闍世王の剣を押さえ、後退させてついに剣を捨てさせた。王は韋提希夫人を、宮殿の奥に閉じ込めるだけにした。

阿弥陀仏と釈尊がかかる事件を起こさしめ、阿難・目連・富楼那・韋提希・提婆達多・阿闍世王・頻婆娑羅王・耆婆・月光両大臣・行雨大臣などに、『観無量寿経』を説くための機縁を作らしめ、弥陀の浄土と本願を説きたもうた。

七　大聖《だいしょう》おのおのもろともに
凡愚底下《ぼんぐていげ》のつみびとを
逆悪もらさぬ誓願《せいがん》に
方便引入《ほうべんいんにゅう》せしめけり

八　釈迦韋提方便《しゃかいだいほうべん》して
浄土《じょうど》の機縁熟《じゅく》すれば
雨行《うぎょう》大臣証《しょう》として
闍《しゃ》王逆悪興《こう》ぜしむ

九　定散《じょうさん》諸機各別の
自力《じりき》の三心《さんじん》ひるがえし
如来《にょらい》利他の信心に
通入せんとねがうべし

『観無量寿経』には、聖者が悪人の姿となって現われている。彼らが悪行をはたらくことによって、愚かで下劣な罪びとである私たちを、善人も悪人も等しくお救いくださる阿弥陀仏の誓願に、たくみに導き入れようとされた。

釈尊が韋提希夫人に、阿弥陀仏の浄土を選ばしめ、往生の方法を説くべき因縁が整った時、雨行大臣に頻婆娑羅王の悪行を語らせて、阿闍世に大罪を犯させたもうた。

心を静めての修行（定善）や、日常での善行（散善）など、人それぞれの分にあった修行をして往生しようとする自力の心を捨てよ。一切衆生を区別せず、念仏一つで往生せしめられる阿弥陀仏の他力の本願を、信じる心の中に入ろうと願え。

已上観経意

弥陀《みだ》経意《きょうのこころ》　五首

一 十方微塵《じっぽうみじん》世界の
念仏の衆生をみそなわし
摂取《せっしゅ》してすてざれば
阿弥陀《あみだ》となづけたてまつる

全宇宙の無数の世界の中で、念仏している数かぎりない衆生をごらんになっていて、彼らのすべてを収めとり、捨てられることがない。それゆえに阿弥陀仏、すなわち「一切衆生を、妨害されることなく収めとりたもうみ仏」と名づけたてまつる。

二 恒沙塵数《ごうじゃじんじゅ》の如来《にょらい》は
万行《まんぎょう》の少善きらいつつ
名号《みょうごう》不思議の信心を
ひとしくひとえにすすめしむ

ガンジス河の砂や、塵の数ほどにもおわしますみ仏たちはすべて、自力の修行を、善の少ないものとして嫌われる。阿弥陀仏の徳のすべてが含まれる不思議なる念仏をのみ信じよと、こぞって勧めておられる。

三 十方恒沙《じっぽうごうじゃ》の諸仏は
極難信《ごくなんしん》ののりをとき
五濁悪世《じょくあくせ》のためにとて
証　誠《しょうじょう》護念せしめたり

四 諸仏の護念証誠《しょうじょう》は
悲願成就のゆえなれば
金剛《こんごう》心をえんひとは
弥陀《みだ》の大恩報ずべし

五 五濁《じょく》悪時悪世界
濁《じょく》悪邪《じゃ》見の衆生には
弥陀《みだ》の名《みょう》号あたえてぞ
恒沙《ごうじゃ》の諸仏すすめたる

全宇宙に数多おわしますみ仏たちは、きわめて信じ難い阿弥陀仏の他力念仏の教えを説かれた。五つの濁りに汚れた悪世界には、この教えを疑い謗る者のみが多い。み仏たちはそれゆえに、この教えの正しさを証明し、念仏する者を護られる。

すべてのみ仏が念仏する者を護りたまい、かならず往生できると証明されるのは、阿弥陀仏の第十七の、大悲の願が成就したことの現われである。それゆえに、金剛のように堅い信心を得たならば、阿弥陀仏の大いなる恩を報謝せよ。

五つの濁りに汚される悪時・悪世界に住む、よこしまな考えをいだく濁悪の人びとのために、だれにでもできる「南無阿弥陀仏」という念仏を、往生の行として与えられた。数多のみ仏たちも、念仏往生をすすめられる。

已上弥陀経意

諸経のこころによりて
弥陀和讃《みだわさん》　九首

一 無明《むみょう》の大夜《たいや》をあわれみて
法身《ほっしん》の光輪きわもなく
無礙《むげ》光仏としめしてぞ
安養界に影現《ようげん》する

阿弥陀仏は無明の長く深い闇にとらわれた衆生を悲しまれ、悟りの光を全宇宙に放ちたまい、一切衆生を何の妨げもなく収めとりたもう無礙光仏というお姿をもって、安養界（極楽浄土）に現われたもうた。

二 久遠実成阿弥陀仏《くおんじつじょうあみだぶつ》
五濁《じょく》の凡愚《ぼんぐ》をあわれみて
釈迦牟尼《しゃかむに》仏としめしてぞ
迦耶城《がやじょう》には応現する

永遠の昔からすでに仏と成っておられた阿弥陀仏は、五濁の悪世界の凡人愚人を悲しまれ、釈迦牟尼仏となって迦耶城にお生まれになった。

三　百千倶胝《くてい》の劫《こう》をへて
百千倶胝《くてい》のしたをいだし
したごと無量のこえをして
弥陀《みだ》をほめんになおつきじ

四　大聖易往《だいしょういおう》とときたまう
浄土《じょうど》をうたがう衆生をば
無眼人《むげんにん》とぞなづけたる
無耳人《むににん》とぞのべたまう

五　無上上は真解脱《しんげだつ》
真解脱は如来《にょらい》なり
真解脱にいたりてぞ
無愛無疑とはあらわるる

百千万億劫という長時間に、百千万億の人が口を開き、それぞれに無量の声を出して阿弥陀仏の功徳を誉め讃えたとしても、誉めつくすことはできない。

大聖者釈尊は、阿弥陀仏の浄土は他力往生のゆえに往き易いと説きたもうた。にもかかわらず往生を疑う者は、真実の教えを見ることのできない無眼人であり、聞くことのできない無耳人であると名づけられた。

阿弥陀仏の浄土における、無上のさらに上なる悟りこそ、迷いからの真の解脱である。真の解脱は如来である。この浄土での真の解脱にいたってはじめて、物に執着する愛欲の心も無くなり、仏智を疑う心も無くなる。

六 平等心をうるときを
一子地《いっしじ》となづけたり
一子地《いっしじ》は仏性《ぶっしょう》なり
安養にいたりてさとるべし

七 如来《にょらい》すなわち涅槃《ねはん》なり
涅槃《ねはん》を仏性《ぶっしょう》となづけたり
凡地《ぼんじ》にしてはさとられず
安養にいたりて証すべし

八 信心よろこぶそのひとを
如来《にょらい》とひとしとときたまう
大信心は仏性《ぶっしょう》なり
仏性《ぶっしょう》すなわち如来《にょらい》なり

浄土に往生して、阿弥陀仏と同様の平等心を得る時を、すべての衆生を自分の一人子のように慈しむ心を起こす一子地の位と言う。一子地は仏性である。浄土に往生してはじめて、この仏性を悟りうる。

すべての衆生の内に隠れている法そのもの（如来）は、そのまま悟り（涅槃）である。涅槃を仏となる性質（仏性）と名づける。しかしその仏性は、凡夫の世界では実現できない。浄土に往生してから身に証する。

信心を得て喜び、阿弥陀仏の本願を疑うことのない者は、必ず悟りを開くと決まっているゆえに、如来と等しい者と説かれている。阿弥陀仏からいただいた真実信心は、仏性と同じく悟りの因であり、その仏性は如来と等しい。

九 衆生有礙《うげ》のさとりにて
無礙《むげ》の仏智《ぶっち》をうたがえば
曽婆羅頻陀羅地獄《そうばらびんだらじごく》にて
多劫衆苦《たこうしゅく》にしずむなり

衆生が相対の知識でもって、妨げるものなき仏の智慧を疑うならば、最も恐ろしい無間地獄さえ楽しげに見える曽婆羅頻陀羅地獄に堕ちて、永遠に数多の苦しみを受けつづける。

已上諸経意

現世利益和讃《げんぜりやくわさん》　十五首

一 阿弥陀如来《あみだにょらい》来化《らいけ》して
息災延命《そくさいえんめい》のためにとて
金光明《こんこうみょう》の寿量品《じゅりょうほん》
ときおきたまえるみのりなり

阿弥陀仏は、人びとを救うためにこの世に現れたまい、人びとの息災と延命のために、『金光明経・寿量品』を説きたもうた。

二 山家《さんげ》の伝教大師《でんぎょうだいし》は
国土人民《にんみん》をあわれみて
七難消滅《しょうめつ》の誦文《じゅもん》には
南無阿弥陀仏《なむあみだぶつ》をとなうべし

三 一切の功徳にすぐれたる
南無阿弥陀仏《なむあみだぶつ》をとなうれば
三世《さんぜ》の重障《じゅうしょう》みながら
かならず転じて軽微《きょうみ》なり

四 南無阿弥陀仏《なむあみだぶつ》をとなうれば
この世の利益《りやく》きわもなし
流転輪回《るてんりんね》のつみきえて
定業中夭《じょうごうちゅうよう》のぞこりぬ

比叡山の伝教大師最澄は、国土と人びとの安穏を願う『七難消滅護国頌』という風誦のための文の中で、「南無阿弥陀仏」ととなえよと説かれている。

一切の功徳にすぐれ、すべての功徳をおさめた名号を「南無阿弥陀仏」ととなえれば、過去・現在・未来にわたる重い罪障が、すべてかならず、軽く少ないものとなる。

南無阿弥陀仏をとなえれば、この世で得られる利益は限りがない。迷いの世界を輪廻する原因となる罪も消え、前世から定まっていた寿命さえものび、若死することはなくなる。

五
南無阿弥陀仏《なむあみだぶつ》をとなうれば
　梵王帝釈《ぼんのうたいしゃく》帰敬《ききょう》す
諸天善神《ぜんじん》ことごとく
　よるひるつねにまもるなり

六
南無阿弥陀仏《なむあみだぶつ》をとなうれば
　四天大王もろともに
よるひるつねにまもりつつ
　よろずの悪鬼《き》をちかづけず

七
南無阿弥陀仏《なむあみだぶつ》をとなうれば
　堅牢地祇《けんろうじぎ》は尊敬《そんきょう》す
かげとかたちとのごとくにて
　よるひるつねにまもるなり

南無阿弥陀仏をとなえれば、仏法を護る大梵天王や帝釈天がその人を敬う。他の諸天や善神もことごとく、夜昼つねに護ってくだされる。

南無阿弥陀仏をとなえれば、帝釈天の部下である持国天・増長天・広目天・多聞天の四天大王が、夜昼つねに護りつづけ、あらゆる悪鬼を近づけない。

南無阿弥陀仏をとなえれば、大地の神である堅牢も、その人を敬い尊ぶ。影が形に添うように、夜昼つねに護ってくだされる。

八 南無阿弥陀仏《なむあみだぶつ》をとなうれば
難陀跋難大龍等《なんだばつなんだいりゅうとう》
無量の龍神尊敬《りゅうじんそんきょう》し
よるひるつねにまもるなり

九 南無阿弥陀仏《なむあみだぶつ》をとなうれば
炎魔法王尊敬《えんまほうおうそんきょう》す
五道《どう》の冥官《みょうかん》みなともに
よるひるつねにまもるなり

一〇 南無阿弥陀仏《なむあみだぶつ》をとなうれば
他化天《たけてん》の大魔王《だいまおう》
釈迦牟尼《しゃかむに》仏のみまえにて
まもらんとこそちかいしか

南無阿弥陀仏をとなえれば、難陀や跋難などの大竜王や、それらの部下の無数の竜神がその人を敬い、夜昼つねに護ってくだされる。

南無阿弥陀仏をとなえれば、地獄の主である炎魔法王もその人を敬う。地獄・餓鬼・畜生・人間・天の者たちの罪を裁く冥界の役人もみな同じように、念仏する人を夜昼つねに護ってくだされる。

南無阿弥陀仏をとなえれば、仏法を障害する他化自在天でさえも、釈迦牟尼仏の前で、その人を護ると誓っている。

一一　天神地祇《てんじんじぎ》はことごとく
　善鬼神《ぜんきじん》となづけたり
　これらの善神《ぜんじん》みなともに
　念仏のひとをまもるなり

一二　願力《がんりき》不思議の信心は
　大菩提《ぼだい》心なりければ
　天地にみてる悪鬼神《あくきじん》
　みなことごとくおそるなり

一三　南無阿弥陀仏《なむあみだぶつ》をとなうれば
　観音勢至《せいし》はもろともに
　恒沙塵数《ごうじゃじんじゅ》の菩薩《ぼさつ》と
　かげのごとくに身にそえり

天の神である梵天・帝釈・四天王や、地の神である堅牢・竜王などは、すべて善鬼神と名づけられる。これらの善神はみな同じように、念仏をとなえる人を護ってくだされる。

阿弥陀仏から与えられた、本願力廻向の不思議の信心は、悟りを求める大菩提心であるゆえに、天地に満ち満ちる悪鬼神も、みなことごとく恐れかしこんで近づかない。

南無阿弥陀仏をとなえれば、観世音菩薩や勢至菩薩をはじめとして、ガンジス河の砂や塵のごとくに数限りない菩薩たちが、影が形に添うようにつねに護ってくだされる。

一四 無《む》礙《げ》光《こう》仏のひかりには
無数《むしゅ》の阿弥陀《あみだ》ましまして
化仏《けぶつ》おのおのことごとく
真実信心をまもるなり

一五 南無阿弥陀仏《なむあみだぶつ》をとなうれば
十方《じっぽう》無量の諸仏は
百重千重《ひゃくじゅうせんじゅう》囲繞《いにょう》して
よろこびまもりたまうなり

已上現世利益

首楞厳経《しゅりょうごんぎょう》によりて大勢至菩薩《だいせいしぼさつ》
和讃《わさん》したてまつる　八首

すべての人びとを救い収めるのに、何の妨げもない無礙光仏の放たれる光の中には、無数の阿弥陀仏が姿を現わされる。これは真の阿弥陀仏が、仮りに姿を現わされた（化仏）ものである。その化仏も、真実信心を得た人を護ってくださされる。

南無阿弥陀仏をとなえれば、全宇宙の数限りないみ仏たちが、その人を百重にも千重にもとりかこんで、み仏たちの本意にかなうと喜びたまい、護ってくださされる。

一勢至《せいし》念仏円通《えんずう》して
五十二菩薩《ぼさつ》もろともに
すなわち座《ざ》よりたたしめて
仏足頂礼《ちょうらい》せしめつつ

二教主世尊《せそん》にもうさしむ
往昔《おうじゃく》恒河沙劫《ごうがしゃこう》に
仏世《ぶつよ》にいでたまえりき
無量光ともうしけり

三十二の如来《にょらい》あいつぎて
十二劫《こう》をへたまえり
最後の如来《にょらい》をなづけてぞ
超日月光《ちょうにちがっこう》ともうしける

勢至菩薩は念仏三昧を修することにより、まどかな悟りをひらかれた。いま『首楞厳経』の説かれるのを聞いていた座より、ともに訪れた五十二人の菩薩たちと一諸に立ちあがり、釈尊の足を自分の頭にいただいて礼拝された。

勢至菩薩が教主釈尊に申された。はるかな昔に、み仏がこの世に現われたもうた。その名は無量光と申しあげると。

無量光仏・無辺光仏・無礙光仏・無対光仏・光炎王仏・清浄光仏・歓喜光仏・智慧光仏・不断光仏・難思光仏・無称光仏・超日月光仏の十二のみ仏が、それぞれ一劫の間、あいついで出現された。最後に出現されたのが超日月光仏である。

四 超日月光《ちょうにちがっこう》この身には
念仏三昧《さんまい》おしえしむ
十方《じっぽう》の如来《にょらい》は衆生を
一子《いっし》のごとくに憐念《れんねん》す

五 子の母《はは》をおもうがごとくにて
衆生仏《ぶつ》を憶《おく》すれば
現前当来とおからず
如来《にょらい》を拝見うたがわず

六 染香人《ぜんこうにん》のその身には
香気《こうけ》あるがごとくなり
これをすなわちなづけてぞ
香光荘厳《こうこうしょうごん》ともうすなる

超日月光仏は私（勢至菩薩）に、念仏三昧を教えられた。阿弥陀仏は、すべての如来の慈悲の心を一身に集めておられる。しかしこの念仏三昧によって、その阿弥陀仏の、衆生を自分の一人子のように憐れまれるお心を、私も頂くことができる。

念仏三昧によって、子が母をつねに憶うように、弥陀一仏を心に憶いつづければ、現実のあたりに、あるいは未来に浄土で、遠からず仏を拝見できることは疑いがない。

香にそまった人の身が、かぐわしい香りを放つように、念仏三昧を修して阿弥陀仏を憶念する人は、かぐわしい智慧の光で身を飾られた香光荘厳の人と名づけられる。

七 われもと因地《いんじ》にありしとき
念仏の心《しん》をもちてこそ
無生忍《むしょうにん》にはいりしかば
いまこの娑婆《しゃば》界にして

八 念仏のひとを摂取《せっしゅ》して
浄土《じょうど》に帰《き》せしむるなり
大勢至菩薩《だいせいしぼさつ》の
大恩《だいおん》ふかく報ずべし

已上大勢至菩薩

源空《げんくう》聖人《しょうにん》御《ご》本地《ほんじ》也

勢至菩薩は、私が昔修行中の身であったとき、念仏の心をもって無生忍を悟り、必ず仏となるべき身となった。それゆえに、いまこの娑婆世界で念仏を人びとに勧めるのである、とのたもうた。

勢至菩薩はこの世界で、念仏の人びとを収めとって、阿弥陀仏の浄土へ帰入せしめようとされている。大勢至菩薩のこの大いなる恩徳に、心から深く報謝せよ。

高《こう》僧《そうの》和《わ》讃《さん》

愚禿親鸞作《ぐとくしんらんさく》

龍樹菩薩《りゅうじゅぼさつ》　付釈文《しゃくもんにつけて》　十首

一
本師龍樹菩薩《ほんじりゅうじゅぼさつ》は
智度十住毘婆娑等《ちどじゅうじゅうびばしゃとう》
つくりておおく西をほめ
すすめて念仏せしめたり

浄土教の祖師である龍樹菩薩は、大智度論・十住毘婆娑論など多くの論をあらわされ、その中で、西方の阿弥陀浄土を何度も誉め讃え、人びとに念仏をお勧めになった。

二
南天竺《なんてんじく》に比丘《びく》あらん
龍樹菩薩《りゅうじゅぼさつ》となづくべし
有無《うむ》の邪見《じゃけん》を破《は》すべしと
世尊《せそん》はかねてときたまう

釈尊はかねてより予言されていた。南インドに一人の比丘が現われ、龍樹菩薩と名づけられる。その菩薩は、すべての事象が常に実体として存在すると考える有の邪見や、すべてが虚無であると考える無の邪見を、いずれも破り正すであろうと。

三 本師《ほんじ》龍樹《りゅうじゅ》菩薩《ぼさつ》は
大乗無上の法をとき
歓喜地《かんぎじ》を証してぞ
ひとえに念仏すすめける

四 龍樹大士《りゅうじゅだいじ》世《よ》にいでて
難行易行《なんぎょういぎょう》のみちおしえ
流転輪回《るてんりんね》のわれらをば
弘誓《ぐぜい》のふねにのせたまう

五 本師龍樹菩薩《ほんじりゅうじゅぼさつ》の
おしえをつたえきかんひと
本願こころにかけしめて
つねに弥陀《みだ》を称すべし

本師龍樹菩薩は、すべての人びとと共に悟りを開く教えである大乗教の中の、さらにこの上なき阿弥陀の本願他力の法を説かれた。自分の往生が定まったことの、歓喜きわまりない境地をひらかれて、ただただ念仏をお勧めになった。

龍樹菩薩はこの世に現われたまい、悟りをひらくための、難行苦行による道と、たやすい行による道との二種をお示しくださった。迷いの世界を輪廻する私たちには、阿弥陀仏の本願の船に乗って、たやすく悟りをひらけと教えたもうた。

本師龍樹菩薩の易行の教えを伝え聞く私たちは、弥陀の本願の意義、すなわち、いかなる者も念仏すれば必ず往生させようとのみ心を常に心に思いながら、南無阿弥陀仏と称えよ。

六 不退のくらいすみやかに
えんとおもわんひとはみな
恭敬《くぎょう》の心《しん》に執持《しゅうじ》して
弥陀《みだ》の名号《みょうごう》称すべし

七 生死《しょうじ》の苦海ほとりなし
ひさしくしずめるわれらをば
弥陀《みだ》弘誓《ぐぜい》のふねのみぞ
のせてかならずわたしける

八 智度論《ちどろん》にのたまわく
如来《にょらい》は無上法皇《ほうおう》なり
菩薩《ぼさつ》は法臣としたまいて
尊重《そんじゅう》すべきは世尊《せそん》なり

いまは煩悩に支配されながらも、次の生にはこの迷いの世界に生まれることなく、浄土への往生が定まっている不退の位を早く得たいと思う者は、阿弥陀仏を敬い尊ぶ心を堅く保持して、南無阿弥陀仏と称えよ。

迷いの世界における苦しみは、海のように際限がない。苦しみの海に久遠の昔より浮き沈みしている私たちを、阿弥陀仏の大慈悲の船だけが、よく収めとり乗せたもうて、安楽の浄土へみちびいてくだされる。

『智度論』に説きたもう。阿弥陀仏はこの上なき法王である。菩薩たちは阿弥陀仏の法を伝える臣下であり、このみ仏のみを尊び重んぜられていると。菩薩たちさえそうである、ましてや私たちは、このみ仏を敬い尊べと。

九　一切菩薩《ぼさつ》ののたまわく
われら因地《いんじ》にありしとき
無量劫《こう》をへめぐりて
万善諸行《まんぜんしょぎょう》を修《しゅ》せしかど

すべての菩薩たちが、異口同音に仰せられる。われらがまだ修行中の身であったころ、はかり知れない長い間、生死をくり返しあらゆる善行を修行したのであったが、

一〇　恩愛はなはだたちがたく
生死《しょうじ》はなはだつきがたし
念仏三昧行《さんまいぎょう》じてぞ
罪障《ざいしょう》を滅《めつ》し度脱《どだつ》せし

愛欲の情ははなはだ断ちがたく、迷いの世界を流転輪廻する原因を滅し尽くすことができなかった。それがただ、念仏三昧を行ずることによってのみ、はじめて罪を滅し、悟りをひらくことができたのであると。

已上龍樹菩薩

天親菩薩　付ニ釈文一《しゃくもんにつけて》　十首

一　釈迦《しゃか》の教法《きょうぼう》おおけれど
天親菩薩《てんじんぼさつ》はねんごろに
煩悩《ぼんのう》成就のわれらには
弥陀《みだ》の弘誓《ぐぜい》をすすめしむ

二　安養浄土《じょうど》の荘厳《しょうごん》は
唯仏与仏《ゆいぶつよぶつ》の知見なり
究竟《くきょう》せること虚空《こくう》にして
広大にして辺際《へんざい》なし

三　本願力《りき》にあいぬれば
むなしくすぐるひとぞなき
功徳の宝海《ほうかい》みちみちて
煩悩《ぼんのう》の濁水《じょくしい》へだてなし

釈尊が生涯をかけて説きたもうた経典の数は多い。天親菩薩はしかし懇切に、煩悩を一つとして滅しえない私たちのために、最もふさわしいのは阿弥陀仏の本願弘誓の教えであるとお勧めくだされた。

極楽浄土の秀いでたありさまは、仏と仏のあいだでのみ明らかに知られうる。浄土の広さには限りがなく、虚空のように一切を包み込み、広大であって辺際がない。

一切衆生を救いたもう阿弥陀仏の本願力の働きに出会った者は、迷いの世にむなしくとどまることがない。阿弥陀仏の功徳がその人に満ちあふれ、煩悩の汚れも無意義となる。

四 如来浄華《にょらいじょうけ》の聖衆《しょうじゅ》は
正覚《しょうがく》のはなより化生《けしょう》して
衆生の願楽《がんぎょう》ことごとく
すみやかにとく満足す

阿弥陀仏の蓮華座に、ともにおられる聖者たちは、弥陀の悟りのお力によって浄土に生まれている。私たちの往生も、弥陀のお力に依っている。みずからの力に依らぬゆえに、すべての者が願いを即座に満たされる。

五 天人《てんにん》不動の聖衆《しょうじゅ》は
弘誓《ぐぜい》の智海《ちかい》より生《しょう》ず
心業《しんごう》の功徳清　浄《しょうじょう》にて
虚空《こくう》のごとく差別《しゃべつ》なし

天上界や人間界から浄土に生まれた聖者たちは、もはや煩悩に動かされることがない。弥陀の本願によって生まれたゆえに、心の働きは弥陀と同様に清浄である。一切衆生を差別なく救おうとされる心は、虚空のようである。

六 天親論主《てんじんろんじゅ》は一心に
無礙光《むげこう》に帰命《きみょう》す
本願力《りき》に乗ずれば
報土にいたるとのべたまう

天親菩薩は、「我、一心に尽十方無礙光如来に帰命したてまつる」と仰せられた。このように帰依して、本願のお力のみを頼みとし、すべてをおまかせすれば、かならず阿弥陀仏のおわします真実報土に往生できるとお説きになった。

七　尽十方《じんじっぽう》の無礙光《むげこう》仏
一心に帰命《きみょう》するをこそ
天親論主《てんじんろんじゅ》のみことには
願作仏心《がんさぶっしん》とのべたまえ

八　願作仏《がんさぶつ》の心《しん》はこれ
度衆生のこころなり
度衆生の心《しん》はこれ
利他真実の信心なり

九　信心すなわち一心なり
一心すなわち金剛心《こんごうしん》
金剛心《こんごうしん》は菩提心《ぼだいしん》
この心《しん》すなわち他力《たりき》なり

妨げられることなく全宇宙に光を放ちたまい、一切衆生をお救いくださる阿弥陀仏に心から帰依することは、それがそのまま、仏となろうとする心である。天親菩薩の真意をよく領解された曇鸞大師が、『浄土論註』でそのように説き明かされた。

阿弥陀仏に心から帰依する心が、そのまま、仏となろうとする心であり、それがそのまま、すべての人びとを救いたいという度衆生心であるとも説かれる。度衆生心は、阿弥陀仏の本願の心である。そのあらわれが、私たちの真実信心である。

信心とは、疑いなく阿弥陀仏の本願を信じる一心である。疑いない心であるゆえに、金剛のように堅く壊れない。この心が悟りを求めようとする菩提心である。すべて阿弥陀仏の慈悲の心から、私たちに与えようと差しむけられている心である。

一〇 願土にいたればすみやかに
無上涅槃《ねはん》を証してぞ
すなわち大悲をおこすなり
これを廻向《えこう》となづけたり

已上天親菩薩

弥陀の本願によって作られた浄土に往生すれば、即座に弥陀と同じ無上の悟りをひらき、弥陀と同じ大慈悲心を起こさしめられる。この慈悲心によって、悪世界にふたたび還り来たってすべての人びとを救うことを、還相廻向と名づける。

曇鸞《どんらん》和尚《かしよう》　付二釈文一《しやくもんにつけて》　三十四首

一 本師《ほんじ》曇鸞《どんらん》和尚《かしよう》は
菩提流支《ぼだいるし》のおしえにて
仙経《せんぎよう》ながくやきすてて
浄土《じようど》にふかく帰《き》せしめき

本師曇鸞和尚は、インドから来て経典を漢訳していた菩提流支に、浄土の教えの真実を教えられた。その時に、長生不死の法を説く仙人の経を焼き捨てて、浄土の教えに帰依された。

二 四論《しろん》の講説《こうぜつ》さしおきて
本願他力《たりき》をときたまい
具縛《ぐばく》の凡衆《ぼんしゅ》をみちびきて
涅槃《ねはん》のかどにぞいらしめし

三 世俗の君子幸臨し
勅《ちょく》して浄土《じょうど》のゆえをとう
十方《じっぽう》仏国浄土《じょうど》なり
なにによりてか西にある

四 鸞師《らんし》こたえてのたまわく
わが身は智慧《ちえ》あさくして
いまだ地位《じい》にいらざれば
念力《ねんりき》ひとしくおよばれず

曇鸞大師は、それまでしておられた四論の研究と講義をやめられ、阿弥陀仏の本願他力の教えを説かれるようになった。それによって、煩悩の苦しみに縛られた愚かな人びとをみちびき、悟りをひらくことのできる浄土の教えに入らしめられた。

世俗の国王（東魏の孝静帝）が曇鸞大師のもとに行幸され、阿弥陀仏の浄土だけを願う理由をお訊ねになった。全宇宙の仏国はすべて浄土である、にもかかわらず、何ゆえに特に西方の阿弥陀仏の極楽浄土だけを願うのであるかと。

曇鸞大師が答えて仰せられた。私は智慧浅薄であり、いまだ菩薩の初地の位のような悟りを得ていない。ゆえに全宇宙におわします仏の浄土を、等しく心に憶うことができないのであると。

五一切道俗もろともに
帰《き》すべきところぞさらになき
安楽勧帰《あんらくかんき》のこころざし
鸞師《らんし》ひとりさだめたり

六魏《ぎ》の主勅《しゅちょく》して并州《へいしゅう》の
大巌寺《たいがんじ》にぞおわしける
ようやくおわりにのぞみては
汾州《ふんしゅう》にうつりたまいにき

七魏《ぎ》の天子はとうとみて
神鸞《しんらん》とこそ号せしか
おわせしところのその名をば
鸞公巌《らんこうがん》とぞなづけたる

当時の人びとは、仏教に帰依した人も世俗の人も、真実の依りどころを知らなかった。ひとり曇鸞大師が、阿弥陀仏の浄土に帰依することが、正しい悟りにいたる唯一真実の道であると明らかにしたもうた。

東魏の孝静帝の勅命によって、曇鸞大師は山西省太原の大厳寺にお住まいであった。晩年におよんで、汾州の玄忠寺に移られた。

魏の国王は曇鸞大師を尊敬され、神鸞と呼んでおられた。大師がお住まいになられ、人びとに教えを説かれた場所を、鸞公巌と名づけられた。

八 浄業《じょうごう》さかりにすすめつつ
玄忠寺《げんちゅうじ》にぞおわしける
魏《ぎ》の興和四年《こうかしねん》に
遙山寺《ようさんじ》にこそうつりしか

九 六十有《ゆう》七ときいたり
浄土《じょうど》の往生とげたまう
そのとき霊瑞《れいずい》不思議にて
一切道俗帰敬《ききょう》しき

一〇 君子ひとえにおもくして
勅宣《ちょくせん》くだしてたちまちに
汾州汾西秦陵《ふんしゅうふんせいしんりょう》の
勝地《しょうち》に霊廟《れいびょう》たてたまう

曇鸞大師は浄土に往生するための業、すなわち念仏を熱心に人びとに勧めながら、玄忠寺にお住まいであった。魏の興和四年（五四二）に、汾州平遙の平遙山寺に移られた。

六十七歳になられた時、浄土への往生をとげられた。臨終の時には、さまざまにめでたいことが現われ、仏の来迎もあった。それゆえに、僧俗すべての人びとが、曇鸞大師を敬い尊んで帰依した。

東魏の孝静帝は、曇鸞大師の臨終のありさまを聞き、さらに敬い尊ばれた。勅宣をくだされて、ただちに汾州汾西郡の、秦陵の景勝の地をえらんで霊廟を建てられた。

二　天親菩薩《てんじんぼさつ》のみことをも
鸞師《らんし》ときのべたまわずは
他力《たりき》広大威徳《いとく》の
心行《しんぎょう》いかでかさとらまし

三　本願円頓《えんどん》一乗は
逆悪摂《せつ》すと信知して
煩悩菩提体無二《ぼんのうぼだいたいむに》と
すみやかにとくさとらしむ

亖　いつつの不思議をとくなかに
仏法不思議にしくぞなき
仏法不思議ということは
弥陀《みだ》の弘誓《ぐぜい》になづけたり

天親菩薩が『浄土論』に説きたもうたことも、曇鸞大師がわかりやすく説き広められなければ、阿弥陀仏の本願他力の広大な大威徳のみ心にかなった信心も念仏も、けっして人びとに理解できなかったであろう。

あらゆる功徳をそなえて、すべての人びとを往生せしめられる弥陀の本願の働きは、父母を殺すほどの大罪を犯した者さえも収めとりたもう。このように信知すれば、煩悩と悟りが私たちの同一の身にそなわっていることが、ただちに知られる。

経典や論釈に説かれている五つの不思議の中で、仏法の不思議さにまさるものはない。その仏法の不思議とは、まさに、煩悩を持ったままの人びとを、そのままでお救いになる弥陀の本願のことである。

一四 弥陀《みだ》の廻向《えこう》成就して
往相還相《げんそう》ふたつなり
これらの廻向によりてこそ
心行《しんぎょう》ともにえしむなれ

一五 往相の廻向《えこう》とときことは
弥陀《みだ》の方便《ほうべん》ときいたり
悲願の信行《しんぎょう》えしむれば
生死《しょうじ》すなわち涅槃《ねはん》なり

一六 還相《げんそう》の廻向《えこう》とときことは
利他教化《りたきょうけ》の果をえしめ
すなわち諸有《しょう》に廻入《えにゅう》して
普賢《ふげん》の徳を修《しゅ》するなり

阿弥陀仏は、一切衆生を救おうとする慈悲を、完全に実現したもうた。それは衆生を浄土へ往生せしめる往相廻向と、浄土より還り来たって衆生を教化せしめる還相廻向である。この二つの働きによって、往生のための信心と念仏が得られている。

往相の廻向として説かれるのは、阿弥陀仏のたくみな手だてが私たちに到達して、浄土へ往生せしめられる原因となる信心と念仏とをいただくことである。それによって、生死を流転する迷いの身のままで、必ず悟りをひらく身となる。

還相の廻向として説かれるのは、私たちが浄土に往生して他者を教えみちびく力を身につけたあと、ふたたび迷いの悪世界に還り来たって衆生を救うことである。その働きは、最高の慈悲を実践しつづけておられる普賢菩薩と同じである。

一七
論主《ろんじゅ》の一心ととけるをば
曇鸞大師《どんらんだいし》のみことには
煩悩《ぼんのう》成就のわれらが
他力《たりき》の信とのべたまう

一八
尽十方《じんじっぽう》の無礙光《むげ》は
無明《むみょう》のやみをてらしつつ
一念歓喜《かんぎ》するひとを
かならず滅度《めっと》にいたらしむ

一九
無礙《むげ》光の利益《りやく》より
威徳《いとく》広大の信をえて
かならず煩悩《ぼんのう》のこおりとけ
すなわち菩提《ぼだい》のみずとなる

天親菩薩が説きたもう一心とは、曇鸞大師の『浄土論註』によれば、あらゆる煩悩をそなえている私たちに、浄土往生のための原因として、阿弥陀仏が施し与えたもうた信心である。

阿弥陀仏が全宇宙に放ちたもう光明は、何ものにも妨げられることなく、無明の闇を照らしたもう。その光に照らされて、本願を疑いなく信じ喜ぶ者を、かならず浄土へ往生せしめられ、悟りをひらかせたもう。

私たちの無明を突き破り、真実の光によって照らしたもう無礙光の働きによって、大いなる功徳をそなえた信心をいただく。信心を得るゆえに、煩悩の氷がとけて、そのまま悟りの水となってゆく。

二〇 罪障《ざいしょう》功徳の体《たい》となる
　こおりとみずのごとくにて
　こおりおおきにみずおおし
　さわりおおきに徳おおし

二一 名号《みようごう》不思議の海水《かいしい》は
　逆謗《ぎやくほう》の屍骸《しがい》もとどまらず
　衆悪《しゆあく》の万川《ばんせん》帰《き》しぬれば
　功徳のうしおに一味《いちみ》なり

二二 尽十方無礙光《じんじつぽうむげこう》の
　大悲大願《だいがん》の海水《かいしい》に
　煩悩《ぼんのう》の衆流帰《しゆりゆうき》しぬれば
　智慧《ちえ》のうしおに一味《いちみ》なり

悟りをひらく妨げである罪障が、そのまま功徳の本体となる。氷と水にひとしく、氷が多ければ水が多い。そのように、悟りをひらく妨げとなる煩悩が多ければ、功徳も多い。

一切衆生を平等に救いたもう阿弥陀仏の名号不思議の海には、大罪を犯した者や仏法を誹謗した者の影もない。いかなる悪も阿弥陀仏の功徳に帰依すれば、弥陀と等しい功徳を得る。よろずの川が海に入って、同じ水となるように。

差別なく一切を照らしたもう尽十方無礙光仏の、大慈悲の願海に、多種多様な煩悩を持った衆生が川水のように帰入してゆけば、阿弥陀仏と同一の智慧を得ることができる。

二三 安楽《あんらく》仏国に生《しよう》ずるは
畢竟成仏《ひつきようじようぶつ》の道路にて
無上の方便《ほうべん》なりければ
諸仏浄土《じようど》をすすめけり

二四 諸仏三業荘厳《さんごうしようごん》して
畢竟《ひつきよう》平等なることは
衆生虚誑《こおう》の身口意《しんくい》を
治《じ》せんがためとのべたまう

二五 安楽《あんらく》仏国にいたるには
無上宝珠《ほうしゆ》の名号《みようごう》と
真実信心ひとつにて
無別道故《むべつどうこ》とときたまう

阿弥陀仏の安楽の浄土に往生することは、かならず悟りをひらくことができる道である。それは、いかなる者も開悟できるこの上ない手だてである。それゆえに全宇宙のみ仏たちも、阿弥陀仏の浄土をおすすめになる。

諸仏の智慧と功徳を一身にそなえた阿弥陀仏が、身と口と心のすべての行為を清浄にされ、差別なく平等であられるのは、人びとの、嘘いつわりばかりの身と口と心の行為を、消しさり清浄にされようがためであると、曇鸞大師は説かれた。

阿弥陀仏の安楽浄土に往生するためには、この上なく尊い宝珠のような名号と、それと一体である真実信心だけが必要であり、それだけで十分である。それゆえに、往生には念仏以外の道はないと曇鸞大師は説きたもうた。

二六 如来清浄《にょらいしょうじょう》本願の
無生《むしょう》の生《しょう》なりければ
本則三三《ほんそくさんざん》の品《ほん》なれど
一二《いちに》もかわることぞなき

二七 無礙光如来《むげこうにょらい》の名号《みょうごう》と
かの光明智相《ちそう》とは
無明長夜《むみょうじょうや》の闇《あん》を破《は》し
衆生の志願をみてたまう

二八 不如実《ふにょじつ》修行といえること
鸞師《らんし》釈してのたまわく
一者《いっしゃ》信心あつからず
若存若亡《にゃくぞんにゃくもう》するゆえに

私たちが浄土へ往生するのは、弥陀の清浄な本願のお力に依る。衆生が各自の業因に上って生死をくり返す、通常の生とはことなる。それゆえに、念仏する者がこの世では九種の位に分かたれていても、彼処《かしこ》ではすべてが同じ姿に生まれ変わる。

無礙光如来の名号と、その智慧より放たれる光明は、煩悩の長い迷いの闇を破り、真実の光によって私たちの願いを満たしたもう。

不如実修行（正しい法にしたがって修行しない）について曇鸞大師が解釈されるには、その一つは、信心が淳《あつ》くないことである。それゆえに、あるときは必ず往生できると思うが、またすぐに往生できないのではないかと疑いが起こると。

二九 二者《にしゃ》信心一《いち》ならず
決定《けつじょう》なきゆえなれば
三者《さんじゃ》信心相続《そうぞく》せず
余念間故《けんこ》とのべたまう

三〇 三信展転相成《さんしんてんでんそうじょう》す
行者《ぎょうじゃ》こころをとどむべし
信心あつからざるゆえに
決定《けつじょう》の信なかりけり

三一 決定《けつじょう》の信なきゆえに
念相続せざるなり
念相続せざるゆえ
決定《けつじょう》の信をえざるなり

不如実修行の第二は、信心が純粋でないことである。阿弥陀仏に帰依する心が定まっていないゆえである。第三は、信心が持続しないことである。念仏以外の修行や善行を行なおうとする心が起こるゆえであると、曇鸞大師は説きたもうた。

三つの信はたがいに関連して成りたっている。念仏を行ずる者は心にとどめるべきである。すなわち、信心が淳《あつ》くないゆえに、純粋な定まった信が生じない。

定まった信がないゆえに、阿弥陀仏に帰依する信が持続しない。信が持続しないゆえに、阿弥陀仏ただ一仏、念仏ただ一つと定まった信が得られない。

三二 決定《けつじょう》の信をえざるゆえ
信心不淳《ふじゅん》とのべたまう
如実《にょじつ》修行相応《そうおう》は
信心ひとつにさだめたり

三三 万行諸善《まんぎょう》の小路《しょうろ》より
本願一実の大道に
帰入《きにゅう》しぬれば涅槃《ねはん》の
さとりはすなわちひらくなり

三四 本師曇鸞《ほんじどんらん》大師をば
梁《りょう》の天子蕭王《そうおう》は
おわせしかたにつねにむき
鸞菩薩《らんぼさつ》とぞ礼《らい》しける

定まった信を得ないがゆえに、信心が不淳であるとお説きになった。正しい法にしたがい、阿弥陀仏のみ心に相応した修行とは、本願を疑いなく信じる信心によってとなえる念仏である。

もろもろの仏道修行や善行を修めて悟りをひらく道は、それらをなし得る人びとだけに限られた道である。ただ念仏するだけで、いかなる者も必ず収めとりたもう弥陀の本願に帰入すれば、だれもが必ず悟りをひらくことができる。

梁の国王である蕭王は、本師曇鸞大師がお住まいになっている方に向かって、つねに鸞菩薩と言って礼拝された。

已上曇鸞和尚

道綽禅師《どうしゃくぜんじ》　付二釈文一《しゃくもんにつけて》　七首

一 本師《ほんじ》道綽禅師《どうしゃくぜんじ》は
聖道万行《しょうどうまんぎょう》さしおきて
唯有浄土《ゆいうじょうど》一門を
通入《つうにゅう》すべきみちととく

二 本師《ほんじ》道綽《どうしゃく》大師は
涅槃《ねはん》の広業《こうごう》さしおきて
本願他力《たりき》をたのみつつ
五濁《じょく》の群生《ぐんじょう》すすめしむ

本師道綽禅師は、難行苦行や、もろもろの善行を修めて悟りにいたる教えをすべて傍らにおき、だれもが行ずることのできる念仏によって浄土へ往生し悟りをひらく教えである浄土門こそが、今の時代に通入するべき教えであると説かれた。

本師道綽大師は、『涅槃経』の研究と講義をやめられ、阿弥陀仏の本願他力の救いに帰依されて、五つの濁りに汚された悪世界に住む罪業多き人びとに、阿弥陀仏に帰依せよと勧められた。

三 末法《まっぽう》五濁《じょく》の衆生は
聖道《しょうどう》の修行せしむとも
ひとりも証をえじとこそ
教主世尊《きょうしゅせそん》はときたまえ

四 鸞師《らんし》のおしえをうけつたえ
綽和尚《しゃくかしょう》はもろともに
在此起心立行《ざいしきしんりゅうぎょう》は
此是自力《しぜじりき》とさだめたり

五 濁世《じょくせ》の起悪造罪は
暴風駛雨《ぼうふうしう》にことならず
諸仏これらをあわれみて
すすめて浄土《じょうど》に帰《き》せしめり

釈尊が世を去られてから千五百年を過ぎ、今はこの世で悟りをひらく者のない末法の世である。五濁の悪世界に住む人間は、聖者のために説かれた修行をしても、一人として悟りをひらくことはできないと、釈尊がすでに説かれている。

曇鸞大師の教えを受け伝えられた道綽禅師は、大師と同様に、この世で悟りをひらこうと願って修行することは、釈尊の教えに反し、自分の力を過信する自力のなせるわざであるとされた。

濁りに汚された悪世界に住む者が悪を為し罪を造るありさまは、暴風のように激しく、にわか雨のように定めがない。このような人びとを全宇宙のみ仏たちが悲しまれ、阿弥陀仏の浄土に往生せよと勧めたもう。

六　一形《いちぎょう》悪をつくれども
専精《せんしょう》にこころをかけしめて
つねに念仏せしむれば
諸障自然《しょしょうじねん》にのぞこりぬ

たとえ一生の間悪を為しつづけたとしても、専心専一に阿弥陀仏だけを心に憶い、つねに念仏すれば、障害は自然に除かれて、かならず往生できる。

七　従令《じゅりょう》一生造悪の
衆生引接《いんじょう》のためにとて
称我名字《みょうじ》と願じつつ
若不生者《にゃくふしょうじゃ》とちかいたり

阿弥陀仏は、たとえ一生の間悪を為しつづける者であっても、その人をみちびき収めとらんがために、我が名をとなえよと願われた。となえても浄土に往生できない者があれば、決して仏に成らないと誓いたもうた。

已上道綽大師

善導大師《ぜんどうだいし》　付釈文《しゃくもんにつけて》　二十六首

一 大心海《だいしんかい》より化《け》してこそ
善導和尚《かしょう》とおわしけれ
末代濁世《まつだいじょくせ》のためにとて
十方《じっぽう》諸仏に証をこう

二 世世《よよ》に善導いでたまい
法照《ほっしょう》 少康《しょうこう》としめしつつ
功徳蔵をひらきてぞ
諸仏の本意とげたまう

三 弥陀《みだ》の名願《みょうがん》によらざれば
百千万劫《まんごう》すぐれども
いつつのさわりはなれねば
女身《にょしん》をいかでか転ずべき

海のように広大なみ心の阿弥陀仏が、この世に姿を変えて現われたまい、善導和尚となりたもうた。善導和尚は『観経疏』を著わされるとき、末法濁世の人びとが疑うことのないように、全宇宙のみ仏に、その正しさを証明されよと願われた。

善導和尚は、つぎつぎと時をへだててこの世に現われたまい、法照和尚や少康和尚となられた。そのようにして、すべての功徳をおさめ集めた阿弥陀仏の名号を説き広められ、全宇宙のみ仏たちの真の願いを実現された。

女の身は、百千万劫の長時間生死をくり返そうと、五つの罪障から離れられない。念仏によって往生せしめたもう弥陀の本願によらなければ、どうして、男性に姿を変え、浄土に往生して悟りをひらくことができよう。

四
釈迦《しゃか》は要門ひらきつつ
定散《じょうさん》諸機をこしらえて
正雑二行方便《しょうぞうにぎょうほうべん》し
ひとえに専修《せんじゅ》をすすめしむ

五
助正《じょしょう》ならべて修《しゅ》するをば
すなわち雑修《ざっしゅ》となづけたり
一心をえざるひとなれば
仏恩報ずるこころなし

六
仏号むねと修《しゅ》すれども
現世《げんぜ》をいのる行者《ぎょうじゃ》をば
これも雑修《ざっしゅ》となづけてぞ
千中無一《せんじゅうむいち》ときらわるる

釈尊は一切衆生を弥陀の本願に帰せしむるため、あえて要門をも説きたもうた。自力の善行に執着する人びとをあわれみたまい、本願に相応しない行（要門）を仮りにすすめて、それを手だてとして他力念仏に帰入せしめようとされた。

称名念仏の正行だけではなく、他の助行をも合わせて修めることを、自力の雑念の入った雑修と名づける。この者はひたすら本願他力に帰依していない。阿弥陀仏の広大な恩を知らず、その恩に報いようとの心もない。

念仏だけをもっぱらとなえる者であっても、それによって現世の幸福を得ようとする者は、やはり自力の雑念の入った雑修と名づける。かかる念仏者は、千人に一人も往生できないと斥《しりぞ》けられる。

七 こころはひとつにあらねども
雑行《ぞうぎょう》雑修《ざつしゅ》これにたり
浄土《じょうど》の行《ぎょう》にあらぬをば
ひとえに雑行《ぞうぎょう》となづけたり

八 善導大師証をこい
定散《じょうさん》二心をひるがえし
貪瞋《とんじん》二河《にが》の譬喩《ひゆ》をとき
弘願《ぐがん》の信心守護せしむ

九 経道滅尽《きょうどうめつじん》ときいたり
如来出世《にょらいしゅつせ》の本意なる
弘願《ぐがん》真宗にあいぬれば
凡夫《ぼんぶ》念じてさとるなり

雑行は、あらゆる行を修めることである。雑修は、現実の幸せを祈って阿弥陀仏を讃え供養することである。同じ意味ではないが、両者には似ている所がある。すなわち阿弥陀仏の本意にもとずく行ではない。それゆえに雑行と名づけられる。

善導大師は『観経疏』を著わすとき、諸仏に正しさの証明を願われた。その疏の中で、自力修行を捨てて帰入するべき他力信心の確かさを、愛欲や怒りのただ中にも白道があるとの譬えでもって説き明かし、信心を疑うことから守られた。

すべての経典が亡び滅する時がきて、釈尊が世に出でたもうた真実の目的である浄土の教えだけが残る時、阿弥陀仏が、一切衆生を救いたもう真実の教えに会うならば、凡人も愚人も念仏によって悟りをひらくことができる。

一〇 仏法力《ぶっぽうりき》の不思議には
諸邪業繋《しょじゃごうけ》さわらねば
弥陀《みだ》の本弘誓《ほんぐぜい》願を
増上縁《ぞうじょうえん》となづけたり

一一 願力《がんりき》成就の報土には
自力《じりき》の心行《しんぎょう》いたらねば
大小聖人《しょうにん》みなながら
如来《にょらい》の弘誓《ぐぜい》に乗ずなり

一二 煩悩《ぼんのう》具足と信知して
本願力《りき》に乗ずれば
すなわち穢身《えしん》すてはてて
法性常楽《ほっしょうじょうらく》証せしむ

阿弥陀仏の本願力の不思議さは、すべての邪悪も往生の妨げとされないことである。それゆえに弥陀の広大なる本願を、私たちを往生せしめるための勝れて強き縁である増上縁と名づける。

弥陀の本願の果報である真実報土の浄土へは、自力の信心と修行では往生できない。それゆえに大乗の聖人も小乗の聖人も、すべて弥陀の本願に帰依して身をまかせなければならぬ。

私はあらゆる煩悩を持っており、いかなる善行も為し得ないと自覚して、ただ本願に身をまかせると思い切れば、往生の時、この穢れた身を捨て離れ、悟りをひらいてこの上ない楽しみを身に受ける。

一三 釈迦弥陀《しゃかみだ》は慈悲《じひ》の父母《ぶも》
種種に善巧方便《ぜんぎょうほうべん》し
われらが無上の信心を
発起《ほっき》せしめたまいけり

一四 真心徹到《しんじんてっとう》するひとは
金剛心《こんごうしん》なりければ
三品《さんぼん》の懺悔《さんげ》するひとと
ひとしと宗師《しゅうし》はのたまえり

一五 五濁悪世《ごじょくあくせ》のわれらこそ
金剛《こんごう》の信心ばかりにて
ながく生死《しょうじ》をすてはてて
自然《じねん》の浄土《じょうど》にいたるなれ

釈尊と阿弥陀仏は、一切衆生を救いたもう慈悲の父母である。さまざまに善き巧みな手だてを尽して、私たちに浄土に往生するための因である、この上なく尊い信心を発起せしめたもう。

弥陀の本願の真意を、骨髄に徹して発起せしめられた信心は、金剛の心でありよく罪障を滅する。この信心は、全身から血を流すほどの懺悔にもひとしいと、善導和尚は説きたもうた。

五濁に汚れた悪世界に住む私たちに、他に手段はない。ただ阿弥陀仏が与えたもう金剛の信心によってのみ、永遠に生死の迷いから離れ、自然に悟りをひらく浄土へ往生できる。

一六　金剛堅固《こんごうけんご》の信心の
さだまるときをまちえてぞ
弥陀《みだ》の心光摂護《しんこうしょうご》して
ながく生死《しょうじ》をへだてける

一七　真実信心えざるをば
一心かけぬとおしえたり
一心かけたるひとはみな
三信《さんしん》具せずとおもうべし

一八　利他の信楽《しんぎょう》うるひとは
願に相応《そうおう》するゆえに
教《きょう》と仏語にしたがえば
外《げ》の雑縁《ぞうえん》さらになし

阿弥陀仏は、私たちに金剛のように堅固な信心が定まる時を待っておられる。その時に、慈悲の心から放たれる光でもって収め護りたまい、迷いの中にありながら、迷いに妨げられない者としてくだされる。

阿弥陀仏が与えたもう真実信心を得ない者は、他力の心が欠けている者であると善導和尚は教えられた。他力の一心が欠けている者は、第十八願に説かれる至心・信楽・欲生の三信が具わっていないと知るべきである。

他力の信心を得た者は、弥陀の本願に相応している。それゆえに、釈尊の教えと諸仏のみ言葉にもしたがっている。ゆえに仏教以外の、さまざまな教えや見解に惑わされることがない。

一九 真宗念仏ききえつつ
一念無疑なるをこそ
希有最勝人《けうさいしょうにん》とほめ
正念《しょうねん》をうとはさだめたれ

二〇 本願相応《そうおう》せざるゆえ
雑縁《ぞうえん》きたりみだるなり
信心乱失《らんしつ》するをこそ
正念《しょうねん》うすとはのべたまえ

二一 信は願より生《しょう》ずれば
念仏成仏自然《じょうぶつじねん》なり
自然《じねん》はすなわち報土なり
証大涅槃《だいねはん》うたがわず

弥陀の本願他力の念仏を聞き、いささかも疑うことのない人を、善導和尚は希有最勝の人と誉め、正しい他力信心を得た者であると定められた。

弥陀の本願の真意を知らず、本願に相応しないゆえに、さまざまな教えや見解に心が乱される。信心が乱れたり失ったりすることを、善導和尚は正念を失うとお説きになった。

他力の信心は、弥陀の本願力によって発起せしめられる。念仏して仏と成ることは、本願力の自然である。弥陀おんみずからが（自）、しかあらしめられる（然）がゆえに、私たちの成仏は疑いない。

三二　五濁増《じょくぞう》のときいたり
疑謗《ぎほう》のともがらおおくして
道俗ともにあいきらい
修《しゅ》するをみてはあたをなす

五濁の汚れが増大する末法の世となれば、正しい仏法を疑い謗る者も増える。僧侶も俗人も、自分の教えを真実と思いこんでたがいに誇りあい、自分の教えでないものを修める者を妨害する。

三三　本願毀滅《きめつ》のともがらは
生盲闡提《しょうもうせんだい》となづけたり
大地微塵劫《だいじみじんごう》をへて
ながく三塗《さんず》にしずむなり

弥陀の本願の教えを誇り滅ぼす者は、生まれながらの盲目の人であり、仏となる縁のない者と名づけられた。その者たちは、未来永劫にわたって地獄・餓鬼・畜生の迷いの世界にとどまり、決してそこから出られない。

三四　西路《さいろ》を指授《しじゅ》せしかども
自障　障他《じしょうしょうた》せしほどに
曠劫已来《こうごういらい》もいたずらに
むなしくこそはすぎにけれ

はるかな昔から、数多の仏菩薩が西方浄土に往生する路を示し教えていた。しかるに私たちは自力の心を捨てられず、自分も他人も往生させなかった。それゆえに久遠の過去より今にいたるまで、むなしく迷いつづけてきた。

二五 弘誓《ぐぜい》のちからをかぶらずは
いずれのときにか娑婆《しゃば》をいでん
仏恩ふかくおもいつつ
つねに弥陀《みだ》を念ずべし

阿弥陀仏の、一切衆生を救いたもう本願力に会わなければ、何時この迷いの娑婆世界を離れられよう。仏の恩徳を深く心に憶って、つねに念仏をとなえよ。

二六 娑婆《しゃば》永劫《ようごう》の苦をすてて
浄土《じょうど》無為《むい》を期《こ》すること
本師《ほんじ》釈迦《しゃか》のちからなり
長時《じょうじ》に慈恩《じおん》を報ずべし

この娑婆世界での未来永劫にわたる苦しみを捨て離れ、浄土において悟りをひらくことを待つ身となりえたのは、本師釈迦如来が阿弥陀仏の浄土を説き、往生を勧めたもうたおかげである。長くその慈悲の恩徳を報謝せよ。

已上善導大師

源信大師《げんしんだいし》 付二釈文一《しゃくもんにつけて》 十首

一　源信和尚《げんしんかしょう》のたまわく
　われこれ故仏《こぶつ》とあらわれて
　化縁《けえん》すでにつきぬれば
　本土にかえるとしめしけり

源信和尚は死後に、三井寺の慶祐の前に姿を現わし、私は本より仏であったと明らかにされた。この世における教化の縁を終えたので、本国である阿弥陀仏の浄土へ還ると告げられた。

二　本師源信《ほんじげんしん》ねんごろに
　一代《いちだい》仏教のそのなかに
　念仏一門ひらきてぞ
　濁世末代《じょくせまつだい》おしえける

本師源信は、釈尊が生涯をかけて説かれた仏教の中から、懇切に念仏の一門を説き広められ、濁世末法の世に住む人びとに勧められた。

三　霊山聴衆《りょうぜんちょうじゅ》とおわしける
　源信僧都《げんしんそうず》のおしえには
　報化二土《ほうけにど》をおしえてぞ
　専雑《せんぞう》の得失さだめたる

源信僧都は、釈尊が霊鷲山で説法された時の聴衆であられた。その時に、浄土には阿弥陀仏のおわします真実報土と、説法も聞けない方便化土があると聞き、専修の者は報土へ、雑修の者は化土にしか往生できないと、修行の得失を明らかにされた。

四 本師《ほんじ》源信《げんしん》和尚《かしょう》は
懐感《えかん》禅師《ぜんじ》の釈により
処胎経《しょたいきょう》をひらきてぞ
懈慢界《けまんがい》をばあらわせる

五 専修《せんじゅ》のひとをほむるには
千無一失《せんむいっしつ》とおしえたり
雑修《ざっしゅ》のひとをきらうには
万不一生《まんぶいっしょう》とのべたまう

六 報の浄土《じょうど》の往生は
おおからずとぞあらわせる
化土《けど》にうまるる衆生をば
すくなからずとおしえたり

本師源信和尚は、懐感法師の『釈浄土群疑論』に引用されている『処胎経』をご覧になって、そこに説かれている浄土の中の懈慢界を、雑修の者の往生する化土であるとされた。

弥陀の本願に相応した専行を修める人を誉めて、千人の中一人として往生しない者はないと教えられた。もろもろの修行をする人を斥《しりぞ》けるために、万人の中一人も往生しないと述べられた。

阿弥陀仏のおわします真実の報土へ往生する者は、他力の専修の人が少ないためにまれである、化土へ往生する者は、たいへん多いと教えられた。

七 男女貴賤《なんによきせん》ことごとく
弥陀《みだ》の名号《みようごう》称するに
行住座臥《ぎようじゆうざが》もえらばれず
時処諸縁《じしよしよえん》もさわりなし

八 煩悩《ぼんのう》にまなこさえられて
摂取《せつしゆ》の光明みざれども
大悲ものうきことなくて
つねにわが身をてらすなり

九 弥陀《みだ》の報土をねがうひと
外儀《げぎ》のすがたはことなりと
本願名号《みようごう》信受して
寤寐《ごび》にわするることなかれ

男であれ女であれ、貴い者も賤しい者も、阿弥陀仏の名号をとなえるのは、行・往・座・臥、何をしている時でも良い。いずれの時にいずれの所で、いずれの場合にとなえても、往生の妨げとなる念仏はないと教えられた。

阿弥陀仏は、念仏する者をつねに収めとり、護り照らしたもう。私たちは煩悩によって弥陀の光を見ることができない。しかし慈悲の心は倦むことなく、つねに私たちを照らしつづけておられる。

阿弥陀仏の真実報土へ往生しようと願う人は、外に表われる行為が人それぞれであろうと、内心には本願の名号を疑いなく信じて、寝ても覚めても忘れることがあってはならない。

一〇 極悪深重《ごくあくじんじゅう》の衆生は
他の方便《ほうべん》さらになし
ひとえに弥陀《みだ》を称してぞ
浄土《じょうど》にうまるとのべたまう

極悪深重の衆生は、善行を修めて往生できず、阿弥陀仏以外の仏菩薩のお力では救われない。ただただ、阿弥陀仏が与えてくださった念仏をとなえることによってのみ、浄土に往生できると教えたもうた。

已上源信大師

源空聖人《げんくうしょうにん》　付釈文《しゃくもんにつけて》　二十首

一 本師《ほんじ》源空世《よ》にいでて
弘願《ぐがん》の一乗ひろめつつ
日本一州《にっぽんいっしゅう》ことごとく
浄土《じょうど》の機縁《きえん》あらわれぬ

本師源空上人はこの世に出でたまい、すべての人びとを平等に救いたもう阿弥陀仏の本願念仏の教えを広められた。それによって日本国中に、浄土の教えが興ることとなった。

二　智慧光《ちえこう》のちからより
本師《ほんじ》源空あらわれて
浄土真宗をひらきつつ
選択《せんじゃく》本願のべたまう

三　善導源信《ぜんどうげんしん》すすむとも
本師《ほんじ》源空ひろめずは
片州《へんしゅう》濁世《じょくせ》のともがらは
いかでか真宗をさとらまし

四　曠劫《こうごう》多生《たしょう》のあいだにも
出離《しゅつり》の強縁《ごうえん》しらざりき
本師《ほんじ》源空いまさずは
このたびむなしくすぎなまし

阿弥陀仏の智慧を体現し、その光でもって人びとを救いたもう勢至菩薩の化身として、源空上人はこの世に出でたもうた。浄土の教えの真実真髄をお説きになり、阿弥陀仏が特別に選びたもうた念仏往生の願をお教えになった。

善導和尚と源信僧都が浄土の教えを勧められた。しかし源空上人が念仏往生をだれにでもわかるようにお広めにならなかったならば、インドから遠くはなれた濁世に生きる日本の人びとに、どうして真実の教えが理解できたであろう。

私たちは久遠の昔から今にいたるまで、いくたびも生死を繰りかえしてきた。しかし迷いの世を捨て離れるための、強い縁である弥陀の本願に出会えなかった。いま、源空上人の説法に会えなければ、今度も迷いの生死を繰りかえしたであろう。

五 源空三五《さんご》のよわいにて
無常のことわりさとりつつ
厭離《えんり》の素懐《そかい》をあらわして
菩提《ぼだい》のみちにぞいらしめし

源空上人は十五の年に、一切が無常であるという道理を悟られた。迷いの世を厭離しようとするかねてからの願いをいよいよ強くされ、悟りをひらくために仏道修行をお始めになった。

六 源空智行《ちぎょう》の至徳には
聖道《しょうどう》諸宗の師主《ししゅ》も
みなもろともに帰《き》せしめて
一心金剛《こんごう》の戒師《かいし》とす

源空上人は智慧と修行に、ひときわすぐれた徳をそなえておられた。上人をかつて教えられた聖道諸宗の高僧たちも、みな帰依されて、大乗戒の一つである一心金剛戒を授ける師と仰がれた。

七 源空存在《ぞんざい》せしときに
金色《こんじき》の光明はなたしむ
禅定博陸《ぜんじょうはくりく》まのあたり
拝見せしめたまいけり

源空上人は生前に、すでに金色の光明をその身から放たれた。そのありさまを、出家しておられた関白藤原兼実が、まのあたり拝見された。

八
本師《ほんじ》源空の本地《ほんじ》をば
世俗のひとびとあいつたえ
綽和尚《しゃくかしょう》と称せしめ
あるいは善導としめしけり

源空上人はどなたの生まれ変わりであろうと、世俗の人びとが言い伝えるには、道綽禅師の生まれ変わりとも、善導和尚の生まれ変わりであるともしていた。

九
源空勢至《せいし》と示現《じげん》し
あるいは弥陀《みだ》と顕現《けんげん》す
上皇群臣尊敬《しょうこうくんしんそんきょう》し
京夷庶民欽仰《きょういしょみんきんごう》す

源空上人は生きておられる間から、いろいろな人の夢の中で、勢至菩薩や阿弥陀仏となって現われられた。それゆえに上皇も大臣も、京都や田舎のすべての人びとも敬い仰いだ。

一〇
承久《しょうきゅう》の太上法皇《だいじょうほうおう》は
本師《ほんじ》源空を帰敬《ききょう》しき
釈門儒林《じゅりん》みなともに
ひとしく真宗に悟入《ごにゅう》せり

承久の太上法王は、源空上人を敬い尊ばれて帰依された。また僧侶も在家の学者たちも、上人の説かれた阿弥陀仏の本願他力の真実の教えを、正しく理解して帰依した。

一一 諸仏方便《ほうべん》ときいたり
源空ひじりとしめしつつ
無上の信心おしえてぞ
涅槃《ねはん》のかどをばひらきける

一二 真の知識にあうことは
かたきがなかになおかたし
流転輪廻《るてんりんね》のきわなきは
疑情のさわりにしくぞなき

一三 源空光明はなたしめ
門徒につねにみせしめき
賢哲愚夫《けんてつぐぶ》もえらばれず
豪貴鄙賤《ごうきひせん》もへだてなし

諸仏の功徳を一身にそなえておられる阿弥陀仏は、人びとを救う手だてを講ずる時が来たとされ、源空上人と姿を変えてこの世に現われたまい、かならず往生できる因である無上の信心を教えられ、悟りにいたる門を開き示された。

真実の教えを説く善き師に出会うことは、難中の難事である。善き師に会えば、疑うことなく阿弥陀仏の本願を信じることができる。迷いの世界を離れられないのは、疑いの心が最大の障害である。

源空上人はたびたび体から光明を放たれて、ともに念仏する人びとに見せられた。賢い者も愚かな者も、貴人も賤しい人も、すべての人びとがその光明を見た。

一四 命終《みょうじゅう》その期《ご》ちかづきて
本師《ほんじ》源空のたまわく
往生みたびになりぬるに
このたびことにとげやすし

臨終の時が近くなったとき、源空上人が仰せられた。私はインドと中国で二度往生をした。いま日本での往生は三度目である。しかし私は、浄土の布教をすべて為しおえた。今度は心おきなく往生できると。

一五 源空みずからのたまわく
霊山会上《りょうぜんえじょう》にありしとき
声聞僧《しょうもんぞう》にまじわりて
頭陀《ずだ》を行《ぎょう》じて化度《けど》せしむ

源空上人はみずから仰せられた。釈尊の霊鷲山での説法を聞いていた時は、仲間と一緒に乞食などの修行をしながら人びとを教化していたと。

一六 粟散片州《ぞくさんへんしゅう》に誕生《たんじょう》して
念仏宗をひろめしむ
衆生化度《けど》のためにとて
この土《ど》にたびたびきたらしむ

源空上人は、粟粒を散らしたような小さな島国日本にお生まれになって、念仏の教えを広められた。この世の人びとを救うために、インド・中国・日本と、たびたび浄土からおみえになった。

一七 阿弥陀如来《あみだにょらい》化《け》してこそ
本師《ほんじ》源空としめしけれ
化縁《けえん》すでにつきぬれば
浄土《じょうど》にかえりたまいにき

一八 本師《ほんじ》源空のおわりには
光明紫雲《しうん》のごとくなり
音楽《おんがく》哀婉《あいえん》雅亮《がりょう》にて
異香《いきょう》みぎりに暎芳《えいほう》す

一九 道俗男女《なんにょ》預参《よさん》し
卿上《けいしょう》雲客《うんかく》群集《くんじゅ》す
頭北《ずほく》面西《めんさい》右脇《うきょう》にて
如来《にょらい》涅槃《ねはん》の儀《ぎ》をまもる

阿弥陀仏が、姿を変えてこの世に現われたもうたのが源空上人である。人びとを教化する縁が終わったので、今また浄土へお帰りになる。

源空上人が亡くなられる時には、光明が紫の雲のようにたなびき、清らかにすみわたる楽の音が哀れに冴え聞こえ、妙えなる香気がその場にたちこめた。

源空上人が亡くなられる時には、あらかじめ僧侶も俗人も男も女も、公卿も殿上人も大勢が集っていた。上人は、頭を北にし顔を西に向け、右脇を下にして横になられ、釈尊の入滅と同じ姿で亡くなられた。

二〇本師《ほんじ》源空命終時《みようじゆうじ》
建暦第二壬申歳《けんりやくだいににんしんさい》
初春下旬第五日《そしゆんげじゆんだいごにち》
浄土に還帰《げんき》せしめけり

已上源空聖人

本師源空上人の命終の時は、建暦二年壬申（みずのえさる）の年、一月二十五日である。この日この時に、浄土にお帰りになった。

已上七高僧和讃　一百十七首

五濁悪世《じよくあくせ》の衆生の
選択《せんじやく》本願信ずれば
不可称不可説不可思議の
功徳は行者《ぎようじや》の身にみてり

五つの濁りに汚れた悪世界に住む人びとも、阿弥陀仏が特別に選びたもうた念仏往生の本願を疑いなく信じるならば、推し量ることも説明することもできない不可思議な名号にこめられた功徳を、そのままいただき、念仏する者の身に満ちる。

天竺《てんじく》　龍樹菩薩　天親菩薩
震旦《しんたん》　曇鸞和尚　道綽禅師　善導禅師
和朝《わちょう》　源信和尚　源空聖人 已上七人
聖徳太子《しょうとくたいし》　敏達《びんだつ》天皇元年　正月一日誕生《たんじょう》したもう
当《あたれり》二仏滅後一千五百二十一年《に》一也

南無阿弥陀仏《なむあみだぶつ》をとけるには
衆善海水《しゅぜんかいしい》のごとくなり
かの清浄《しょうじょう》の善身《ぜんみ》にえたり
ひとしく衆生に廻向《えこう》せん

南無阿弥陀仏は、あらゆる善を集めそなえていることが、いろいろな経典や論釈に、限りない海の水のようであると説かれている。いま私は、名号の清浄の善をいただいた。この善の念仏を、すべての人びとに勧めよう。

正《しょう》像《ぞう》末《まつ》和《わ》讃《さん》

康元《こうげん》二《に》歳《さい》丁巳《ひのとのみ》二《に》月《がつ》九日夜《ここぬかのよ》
寅《とらの》時《とき》夢《ゆめに》告《つげて》云《いわく》

弥陀《みだ》の本願信ずべし
本願信ずるひとはみな
摂取不捨《せっしゅふしゃ》の利益《りやく》にて
無上覚《むじょうかく》をばさとるなり

正像末《しょうぞうまつの》浄《じょう》土《ど》和讃《わさん》

愚禿善信《ぐとくぜんしん》集《あつむ》

念仏する者をかならず往生せしめたもう弥陀の本願を信じよ。本願を信じる人はだれもが、収めとって決してお捨てにならない阿弥陀仏の働きを身に受けて、かならず無上の悟りをひらかしめられる。

一 釈迦《しゃか》如来《にょらい》かくれましまして
二千余年になりたまう
正像《しょうぞう》の二時《にじ》はおわりにき
如来《にょらい》の遺弟《ゆいてい》悲泣《ひきゅう》せよ

二 末法《まっぽう》五濁《ごじょく》の有情《うじょう》の
行証《ぎょうしょう》かなわぬときなれば
釈迦《しゃか》の遺法《ゆいほう》ことごとく
龍宮《りゅうぐ》にいりたまいにき

三 正像末《しょうぞうまつ》の三時には
弥陀《みだ》の本願ひろまれり
像季《ぞうき》末法《まっぽう》のこの世には
諸善《しょぜん》龍宮《りゅうぐ》にいりたまう

釈尊が亡くなられて、すでに二千年以上が過ぎた。滅後五百年は、悟りをひらく者がいた正法の世であった。その後千年は、悟れずとも修行する者がいた像法の世であった。今は修行する者もいない末法の世である。仏弟子たちよ、悲泣せよ。

末法の世の、五つの濁りに汚された悪世界に住む人びとは、仏道修行も悟りをひらくこともできない。そんな時代であるから、釈尊の説き置かれた教法は、すべて龍王の宮殿に入り隠れてしまった。

正法・像法・末法の三つの時代を通じて、阿弥陀仏の本願の教えは広まり、多くの人びとが帰依した。しかも像法の終りから末法にかけて、浄土の教えをのぞく諸善の教えは、すべて龍宮に隠れてしまった。

四　大集経《だいじっきょう》にときたまう
　この世は第五《だいご》の五百年
　闘諍堅固《とうじょうけんご》なるゆえに
　白法隠滞《びゃくほうおんたい》したまえり

五　数万歳《しゅまんざい》の有情《うじょう》も
　果報ようやくおとろえて
　二万歳《にまんざい》にいたりては
　五濁《じょく》悪世《あくせ》の名をえたり

六　劫濁《こうじょく》のときうつるには
　有情《うじょう》ようやく身小《しんしょう》なり
　五濁《じょく》悪邪《じゃ》まさるゆえ
　毒蛇《どくじゃ》悪龍《りゅう》のごとくなり

『大集経』の説に照らしてみれば、今の世は第五番目の五百年、すなわち釈尊滅後二千五百年の世である。この時代を『大集経』には、自分の主張を是として争いばかりするために、正しい教法はすべて隠れてしまうと説かれている。

人間は初め、数万年の寿命を持っていた。悪行によって果報がしだいに衰え、二万年の寿命を持つ時代となった時いらい今の百年ほどの寿命を持つ時代にいたるまで、すべてを五濁悪世と名づけられる。

時代の濁りが増えゆけば、人間の体も小さくなってゆく。邪悪な行為も増え、人間は毒蛇や悪龍のようになってゆく。

七 無明煩悩《むみようぼんのう》しげくして
塵数《じんじゆ》のごとく遍満《へんまん》す
愛憎違順《あいぞういじゆん》することは
高峯岳山《こうぶがくさん》にことならず

八 有情《うじよう》の邪見熾盛《じやけんしじよう》にて
叢林棘刺《そうりんこくし》のごとくなり
念仏の信者《しんじや》を疑謗《ぎほう》して
破壊瞋毒《はえしんどく》さかりなり

九 命濁中夭刹那《みようじよくちゆうようせつな》にて
依正二報《えしようにほう》滅亡《めつもう》し
背正帰邪《はいしようきじや》まさるゆえ
横《おう》にあたをぞおこしける

人間の持つ無明の煩悩はおびただしい。塵の数ほどもあって、身に満ち満ちている。思いどおりであれば愛欲の心が起き、なければ怒りの心が起こる。煩悩の起伏のはげしさは、高い山の連なりのようである。

人間の邪《よこし》まな見解は、激しく盛んである。勢いは繁茂する草木にも、棘や茨にも似ている。邪見によって念仏の信者を疑い謗り、妨害し怒りをなげつけることもはなはだしい。

末法の世の人の寿命は短かく、昔にくらべれば刹那にひとしい。自身も環境も廃滅してしまい、正義にそむき邪義に服する者が多くなる。ひとたびは福を招いても、ついには身の仇となる。

一〇 末法第五《まっぽうだいご》の五百年
この世の一切有情《うじょう》の
如来《にょらい》の悲願を信ぜずは
出離《しゅつり》その期《ご》はなかるべし

末法の世の、争いばかりがはげしい第五の五百年に住む人びとは、阿弥陀仏の、一切衆生を救いたもう慈悲の本願を信じなければ、この迷い悪世界を捨て離れる機会がない。

一一 九《く》十五種世《しゅよ》をけがす
唯《ゆい》仏一道きよくます
菩提《ぼだい》に出到《しゅっとう》してのみぞ
火宅《かたく》の利益《りやく》は自然《じねん》なる

末法の世には、九十五種の邪《よこし》まな教えが世を汚す。浄土の教えだけが清く正しい。私たちは浄土に往生して、他人を教化する身となってのみ、この世の人を救うことができる。

一二 五濁《じょく》の時機いたりては
道俗ともにあらそいて
念仏信ずるひとをみて
疑謗破滅《ぎほうはめつ》さかりなり

五つの濁りに汚れた時代にいたれば、僧侶も俗人も、自分の教えだけが正しいと主張して争う。念仏の教えを信じる人を見ては、疑い謗り、破滅させることも盛んになる。

一三 菩提《ぼだい》をうまじきひとはみな
専修《せんじゅ》念仏にあたをなす
頓教毀滅《とんぎょうきめつ》のしるしには
生死《しょうじ》の大海《だいかい》きわもなし

一四 正法《しょうぼう》の時機とおもえども
底下《ていげ》の凡愚《ぼんぐ》となれる身は
清浄《しょうじょう》真実のこころなし
発菩提心《ほつぼだいしん》いかがせん

一五 自力聖道《じりきしょうどう》の菩提心《ぼだいしん》
こころもことばもおよばれず
常没流転《じょうもつるてん》の凡愚《ぼんぐ》は
いかでか発起《ほっき》せしむべき

悟りをひらく縁を持たない人びとは、すべて、本願の念仏者に仇をなす。彼らはしかし、いかなる者もすみやかに悟りをひらく念仏の教えを滅ぼそうとした結果、迷いの世界で永遠に苦しむ。

今の世が、修行して悟りをひらくことができる正法の時代であると思ってみても、現に私たちは、煩悩に苦しむ最低の凡人愚人である。清浄真実の心はなく、悟りを求めて修行をつづけようとの菩提心を起こすこともできない。

悟りを求めて、難行苦行もいとわず、自分の心を励まし続けなければならない自力聖道の菩提心は、言いようのないほど尊い。しかし迷いの世を常に流転している凡人愚人に、どうしてこの心が発起できよう。

一六　三恒河沙《ごうがしゃ》の諸仏の
出世のみもとにありしとき
大菩提心《だいぼだいしん》おこせども
自力《じりき》かなわで流転せり

一七　像末五濁《ぞうまつごじょく》の世となりて
釈迦《しゃか》の遺教《ゆいきょう》かくれしむ
弥陀《みだ》の悲願ひろまりて
念仏往生さかりなり

一八　超世《ちょうせ》無上に摂取《せっしゅ》し
選択五劫思惟《せんじゃくごこうしゆい》して
光明寿命《じゅみょう》の誓願《せいがん》を
大悲の本《ほん》としたまえり

私たちは、これまでいくたびも生まれ変わり、無数のみ仏が世に出でました時に出会い、そのたびに大菩提心を起こして修行に励んできた。しかし、自分の力ではついに悟りをひらくことができず、今にいたるまで迷いつづけている。

悟りをひらく者のいない像法・末法の時代となった時、釈尊が遺したもうた、この世で悟りをひらくための教えはすたれ滅びた。ただ浄土へ往生して悟りをひらかしめようとの、弥陀の本願の教えだけがひろまり、念仏往生の道が盛んとなった。

法蔵菩薩は五劫の間思惟したまい、全仏国土の長所をすべて収めとった誓願を建てたもうた。その中では、全宇宙を照らす光と、過去・現在・未来にわたる寿命をそなえようとの本願を、一切衆生を救う慈悲の心の中心とされた。

一九 浄土《じょうど》の大菩提心《だいぼだいしん》は
願作仏心《がんさぶっしん》をすすめしむ
すなわち願作仏心《がんさぶっしん》を
度衆生心《どしゅじょうしん》となづけたり

二〇 度衆生心《どしゅじょうしん》ということは
弥陀智願《みだちがん》の廻向《えこう》なり
廻向《えこう》の信楽《しんぎょう》うるひとは
大般涅槃《だいはつねはん》をさとるなり

二一 如来《にょらい》の廻向《えこう》に帰入《きにゅう》して
願作仏心《がんさぶっしん》をうるひとは
自力《じりき》の廻向《えこう》をすてはてて
利益有情《りやくうじょう》はきわもなし

浄土の教えでいう大菩提心とは、浄土へ往生して悟りをひらき、仏と成ろうとの心である。この願作仏心がそのまま、一切衆生を救おうとする心である。

一切衆生を仏と成らしめようとする度衆生心も、私たちを浄土へ往生せしめたもう阿弥陀仏の、智慧の本願によって与えられる。それゆえ、本願が与えたもう信心を得れば、自身の悟りと他を救う働きの、相方をそなえた真の仏となれる。

私たち自身の成仏も他人を救う働きも、ともにかなえたもう弥陀の本願に帰依して、浄土へ往生して仏と成ろうとする心を得た人は、自身で善行を修めて、その功徳でもって他人を救おうとする自力の廻向によらないでも、他の人びとを救いうる。

二二　弥陀《みだ》の智願海水《ちがんかいしい》に
　他力《たりき》の信水《しんしい》いりぬれば
　真実報土のならいにて
　煩悩菩提一味《ぼんのうぼだいいちみ》なり

二三　如来《にょらい》二種の廻向《えこう》を
　ふかく信ずるひとはみな
　等正覚《とうしょうがく》にいたるゆえ
　憶念《おくねん》の心《しん》はたえぬなり

二四　弥陀智願《みだちがん》の廻向《えこう》の
　信楽《しんぎょう》まことにうるひとは
　摂取不捨《せっしゅふしゃ》の利益《りやく》ゆえ
　等正覚《とうしょうがく》にいたるなり

一切衆生を平等に救いたもう弥陀の本願の海に、この他力を信じて帰入すれば、阿弥陀仏と同じ悟りをひらく浄土の道理として、私たちの煩悩も弥陀の悟りと同じものとなる。さまざまな川水が、海に入れば一味となるように。

阿弥陀仏は、私たちを浄土へ往生せしめて悟りをひらかしめ（往相廻向）、ふたたびこの世へ還らしめて衆生を浄土へ往生せしめたもう（還相廻向）。この二種の廻向を深く信じる人は、かならず成仏するゆえに、阿弥陀仏を憶う心がたえない。

阿弥陀仏の、大いなる智慧にみちる本願を廻向されて、まことの信心を得た人は、弥陀の慈悲に収めとられて決して捨てられない。かならず仏となる身となる。

二五 五十六億七千万
弥勒菩薩《みろくぼさつ》はとしをへん
まことの信心うるひとは
このたびさとりをひらくべし

二六 念仏往生の願により
等正覚《とうしょうがく》にいたるひと
すなわち弥勒《みろく》におなじくて
大般涅槃《だいはつねはん》をさとるべし

二七 真実信心うるゆえに
すなわち定聚《じょうじゅ》にいりぬれば
補処《ふしょ》の弥勒《みろく》におなじくて
無上覚《むじょうかく》をさとるなり

成仏を約束されている弥勒菩薩も、自力の行者であるゆえに、実現されるのは五十六億七千万年の後である。他力の本願の真実信心を得た人は、この世の命を終えて浄土に往生すれば、ただちに悟りをひらいて仏と成れる。

阿弥陀仏の、念仏する者をかならず浄土へ往生せしめようという本願を疑いなく信じて、仏となるべき身と定まった人は、弥勒菩薩と同じ位を得ている。かならず悟りをひらくことができる。

真実信心を得て、浄土への往生を約束された人びとの中に入れば、菩薩の最高の位におられて、次の生にはかならず成仏したもう弥勒菩薩とひとしい。命終わる時に、かならず悟りをひらいて仏と成る。

二八
像法《ぞうぼう》のときの智人《ちにん》も
自力《じりき》の諸教をさしおきて
時機相応《そうおう》の法なれば
念仏門にぞいりたまう

二九
弥陀《みだ》の尊号となえつつ
信楽《しんぎょう》まことにうるひとは
憶念《おくねん》の心《しん》つねにして
仏恩報ずるおもいあり

三〇
五濁悪世《じょくあくせ》の有情《うじょう》の
選択《せんじゃく》本願信ずれば
不可称不可説不可思議の
功徳は行者《ぎょうじゃ》の身にみてり

悟りが不可能であると知りつつ自力の修行にはげんでいた像法の世にあっても、智慧ある人びとは、今の世にふさわしい仏教であるとして、本願他力の念仏に帰依しておられた。

南無阿弥陀仏ととなえ、この私を救いたもう弥陀の本願を疑いなく信じている人は、その有り難さをつねに思い、仏恩に報いようとする心が絶えることがない。

五つの濁りに汚れた悪世界に住む人びとも、阿弥陀仏が特別に選びたもうた念仏往生の本願を疑いなく信じるならば、推し量ることも説明することもできない不思議な名号にこめられた功徳をそのままいただいて、念仏する身に満ちる。

三一 無礙光《むげこう》仏のみことには
　未来の有情《うじょう》利せんとて
　大勢至菩薩《だいせいしぼさつ》に
　智慧《ちえ》の念仏さずけしむ

三二 濁世《じょくせ》の有情《うじょう》をあわれみて
　勢至《せいし》念仏すすめしむ
　信心のひとを摂取《せっしゅ》して
　浄土《じょうど》に帰入《きにゅう》せしめけり

三三 釈迦弥陀《しゃかみだ》の慈悲《じひ》よりぞ
　願作仏心《がんさぶっしん》はえしめたる
　信心の智慧《ちえ》にいりてこそ
　仏恩報ずる身とはなれ

無礙光仏のみ言葉によれば、未来のすべての衆生を救い仏と成らしめんがために、大勢至菩薩に、あらゆる悪行をも滅し尽す働きのある智慧の念仏を授けられた。勢至菩薩はそのことを、『首楞厳経』で述べておられる。

濁世に住むすべての人びとを悲しみ哀れんで、勢至菩薩は念仏を勧められる。念仏の信者を収め護って、他の教えに心を向けず、浄土の教えに帰依せしめたもう。

釈尊と阿弥陀仏の慈悲によって、私たちは浄土へ往生して仏と成ろうとする願作仏心を得た。かかる弥陀・釈尊の智慧の働きに身をまかせれば、仏恩を報謝する心が絶えない者となる。

三四　智慧《ちえ》の念仏うることは
法蔵願力《がんりき》のなせるなり
信心の智慧《ちえ》なかりせば
いかでか涅槃《ねはん》をさとらまし

三五　無明　長夜《むみょうじょうや》の燈炬《とうこ》なり
智眼《ちげん》くらしとかなしむな
生死大海《しょうじだいかい》の船筏《せんばつ》なり
罪障《ざいしょう》おもしとなげかざれ

三六　願力無窮《がんりきむぐう》にましませば
罪業深重《ざいごうじんじゅう》もおもからず
仏智無辺《ぶっちむへん》にましませば
散乱放逸《さんらんほういつ》もすてられず

阿弥陀仏の智慧のすべてが籠められた念仏をいただくことは、法蔵菩薩の時に誓われた本願の働きによる。その智慧の念仏を信じて往生せしめられるのでなければ、どうして悟りをひらけよう。

「南無阿弥陀仏」の念仏は、無知の闇を照らす灯である。闇をはらす智慧がないことを、もはや悲しむことはない。「南無阿弥陀仏」の念仏は、迷いの世を渡す船や筏である。罪重く障り多い迷いの身であることを、もはや嘆くこともない。

阿弥陀仏の本願力の働きに限界はない。いかなる重罪人も、かろやかに往生せしめられる。弥陀の智慧には際限がない。いかに思いのままにふるまう悪人をも、決してお捨てになることはない。

三七 如来《にょらい》の作願《さがん》をたずぬれば
苦悩《くのう》の有情《うじょう》をすてずして
廻向《えこう》を首《しゅ》としたまいて
大悲心をば成就せり

三八 真実信心の称名《しょうみょう》は
弥陀《みだ》廻向《えこう》の法なれば
不廻向《ふえこう》となづけてぞ
自力《じりき》の称念きらわるる

三九 弥陀智願《みだちがん》の広海に
凡夫善悪《ぼんぶぜんまく》の心水《しんしい》も
帰入《きにゅう》しぬればすなわちに
大悲心とぞ転ずなる

阿弥陀仏が本願をおこされた本意をたずねれば、苦しみ悩む一切衆生を救おうとのみ心である。そのために、往生の原因のない者に、かならず往生できる原因を与えようとされ、念仏を与えることによって、慈悲の心を完成された。

弥陀の本願を信じてとなえる念仏は、このみ仏が私たちに与えたもうたものである。それゆえに、念仏は私たち自身の行為ではない（不廻向）と言われる。となえることが私たちの善行であるとする、自力の心は斥《しりぞ》けられる。

阿弥陀仏の、すべての智慧がこもる本願の海に帰依すれば、愚かな凡夫の毒まじりの善も悪心悪行も、たちまち阿弥陀仏と同じ大慈悲心に変えられる。

四〇
造悪このむわが弟子の
邪見放逸《じゃけんほういつ》さかりにて
末世《まっせ》にわが法破《は》すべしと
蓮華面経《れんげめんぎょう》にときたまう

四一
念仏誹謗《ひほう》の有情《うじょう》は
阿鼻地獄《あびじごく》に堕在《だざい》して
八万劫中《ごうちゅう》大苦悩
ひまなくうくとぞときたまう

四二
真実報土の正因《しょういん》を
二尊《にそん》のみことにたまわりて
正定聚《しょうじょうじゅ》に住すれば
かならず滅度《めつど》をさとるなり

末法の世には、私の弟子であろうと、悪を好み邪《よこし》まな考えが横行するようになる。ついには私が説いた教えを破り捨てるようになると、釈尊みずから『蓮華面経』に説いておられる。

念仏の教えを謗るものは、最も恐ろしい阿鼻地獄に堕ちて、八万劫という長い時間、大苦悩を絶えまなく受けるであろうと経典に説かれている。

阿弥陀仏のおわします真実報土へ往生するための正しい原因を、弥陀・釈迦二尊のたくみなみちびきのみ言葉によって、いただくことができた。それによって、かならず往生できる正定聚の位に入れば、かならず悟りをひらかしめられる。

四三 十方《じっぽう》無量の諸仏の
証　誠《しょうじょう》護念のみことにて
自力《じりき》の大菩提心《ぼだいしん》の
かなわぬほどはしりぬべし

四四 真実信心うることは
末法濁世《まっぽうじょくせ》にまれなりと
恒沙《ごうじゃ》の諸仏の証　誠《しょうじょう》に
えがたきほどをあらわせり

四五 往相還相《げんそう》の廻向《えこう》に
もうあわぬ身となりにせば
流転輪廻《るてんりんね》もきわもなし
苦海の沈淪《ちんりん》いかがせん

全宇宙の無数のみ仏たちが、念仏すればかならず往生できると、誠意をもって証明しておられる。しかも念仏する人を護ると仰せられることによって、自力の菩提心を起こしたとしても、悟りをひらくことができないと知られる。

弥陀の本願にたいする真実信心をうることは、末法濁世の人びとには稀れである。それゆえにこそ、ガンジス河の砂の数ほどの無数のみ仏たちが、念仏でかならず往生できると、誠意をもって証明しておられる。

阿弥陀仏の、念仏する者を往生せしめられる往相廻向の働きと、浄土からこの世に還って人びとを教化せしめられる還相廻向の働きに出会うことがなければ、私たちは永劫に迷いの世界を輪廻し、苦しみ続けなければならなかったであろう。

四六 仏智《ぶっち》不思議を信ずれば
　正定聚《しょうじょうじゅ》にこそ住しけれ
　化生《けしょう》のひとは智慧《ちえ》すぐれ
　無上覚《むじょうかく》をぞさとりける

四七 不思議の仏智《ぶっち》を信ずるを
　報土の因としたまえり
　信心の正因《しょういん》うることは
　かたきがなかになおかたし

四八 無始流転の苦をすてて
　無上涅槃《ねはん》を期《ご》すること
　如来《にょらい》二種の廻向《えこう》の
　恩徳《おんどく》まことに謝しがたし

阿弥陀仏の、いかなる悪人であろうと往生せしめられる、その智慧の不思議さを疑いなく信じれば、かならず往生できると約束された正定聚の位に入る。本願によって浄土へ往生する化生の人は、弥陀のすぐれた智慧を得て悟りをひらく。

いかなる悪人であろうと往生せしめられる、阿弥陀仏の智慧の不思議さを疑いなく信ずることを、このみ仏のおわします報土へ往生する原因とされた。しかし、往生の正因たる信心を得ることは、難中の難事である。

私たちは今、無始よりこの方の生死流転の苦を捨て、無上の悟りを期待できる身となった。阿弥陀仏の往相還相二種の廻向の恩徳は、まことに感謝のしようもない。

四九 報土の信者《しんじゃ》はおおからず
化土《けど》の行者《ぎょうじゃ》はかずおおし
自力《じりき》の菩提《ぼだい》かなわねば
久遠劫《くおんごう》より流転せり

五〇 南無阿弥陀仏《なむあみだぶつ》の廻向《えこう》の
恩徳《おんどく》広大不思議にて
往相廻向《えこう》の利益《りやく》には
還相廻向《げんそうえこう》に廻入《えにゅう》せり

五一 往相廻向《えこう》の大慈《だいじ》より
還相廻向《げんそうえこう》の大悲をう
如来《にょらい》の廻向《えこう》なかりせば
浄土《じょうど》の菩提《ぼだい》はいかがせん

他力の信心を得て、阿弥陀仏のおわします報土へ往生する者は少ない。自力の心を捨て切れず、弥陀の説法も聞けない化土へ往生する者は多い。自力が捨て難く、しかも自力では悟れないゆえに、私たちは、迷いの世界に流転しつづけてきた。

南無阿弥陀仏という名号を私たちに与えたもうた弥陀の恩徳は、広大であって不思議である。往相廻向の働きで浄土へ往生せしめられると、つぎには還相廻向の働きで、この世にふたたび還って人びとを教化せしめられる。

私たちは阿弥陀仏の往相廻向の大慈心によって、浄土へ往生して悟りをひらき、還相廻向の大悲心によって、この世へ還って衆生を教化する者となる。かかる弥陀の廻向の働きがなければ、自身の救いも他を救う働きも完成できない。

五二　弥陀《みだ》観音大勢至《だいせいし》
　大願《だいがん》のふねに乗じてぞ
　生死《しょうじ》のうみにうかみつつ
　有情《うじょう》をよぼうてのせたまう

阿弥陀仏・観世音菩薩・大勢至菩薩は、釈尊・善導和尚・聖徳太子・法然上人などに姿を変えて、一切衆生を救う大願の船に乗り、生死流転の海に浮かんで呼ばわり、溺れる者を迎えたもうた。

五三　弥陀《みだ》大悲の誓願《せいがん》を
　ふかく信ぜんひとはみな
　ねてもさめてもへだてなく
　南無阿弥陀仏《なむあみだぶつ》をとなうべし

阿弥陀仏が大慈悲心より起こされた本願を、疑いなく深く信じる人は、寝てても覚めてもへだてなく、「南無阿弥陀仏」ととなえよ。

五四　聖道門《しょうどうもん》のひとはみな
　自力《じりき》の心《しん》をむねとして
　他力《たりき》不思議にいりぬれば
　義なきを義とすと信知せり

聖道門の人びとは、自身の知識や能力を尽くして真理の法を知ろうと努力する。しかし、そのような人であっても、他力の不思議に帰依すれば、弥陀の本願は人の思弁を越えていて、ただ信じることを本義とすると知る。

五五 釈迦《しゃか》の教法《きょうぼう》ましませど
修《しゅ》すべき有情《うじょう》のなきゆえに
さとりうるもの末法《まっぽう》に
一人《いちにん》もあらじとときたまう

五六 三朝浄土《さんちょうじょうど》の大師等
哀愍摂受《あいみんしょうじゅ》したまいて
真実信心すすめしめ
定聚《じょうじゅ》のくらいにいれしめよ

五七 他力《たりき》の信心うるひとを
うやまいおおきによろこべば
すなわちわが親友《しんぬ》ぞと
教主世尊《せそん》はほめたまう

釈尊は、この世で悟りをひらくための教えを、数多説きたもうた。しかし末法の世には、その教えにしたがって修行ができる者が一人もいなくなると、釈尊みずからが説きたもうた。

インド・中国・日本に現われて、浄土の教えを説きたもうた大師たちよ、私たちを哀れみ護りたまえ。迷いの世を捨て離れるための真実信心を勧めて、かならず往生できる者の数に入らしめたまえ。

他力の信心を得て、与えたもうた阿弥陀仏を敬い、仏と成る身となったことをこの上もなく喜ぶ人を、釈尊は、私の善き親しき友であると誉めたもう。

五八 如来《にょらい》大悲の恩徳《おんどく》は
身を粉《こ》にしても報ずべし
師主《ししゅ》知識の恩徳《おんどく》も
ほねをくだきても謝すべし

私たちをお救いくだされる阿弥陀仏の大いなる慈悲の恩徳にたいし、我が身を粉にしても報謝せよ。私たちに阿弥陀仏の教えを説いて、救いにみちびいてくだされた大勢の師の恩徳にたいし、我が骨をくだいても報謝せよ。

已上正像末法和讃　五十八首

愚禿述懐

一 不了仏智《ふりょうぶっち》のしるしには
如来《にょらい》の諸智《しょち》を疑惑《ぎわく》して
罪福信じ善本《ぜんぽん》を
たのめば辺地《へんじ》にとまるなり

阿弥陀仏のもろもろの智慧を疑い、善悪の果報を信じて、自分がとなえる念仏を往生のための善行と思うことが、弥陀の仏智を了解していない証拠である。かかる自力の念仏者は、弥陀の説法も聞けない辺地に往生してしまう。

二 仏智《ぶっち》の不思議をうたがいて
自力《じりき》の称念このむゆえ
辺地懈慢《へんじけまん》にとどまりて
仏恩報ずるこころなし

三 罪福信ずる行者《ぎょうじゃ》は
仏智《ぶっち》の不思議をうたがいて
疑城胎宮《ぎじょうたいぐ》にとどまれば
三宝《さんぼう》にはなれたてまつる

四 仏智疑惑《ぶっちぎわく》のつみにより
懈慢辺地《けまんへんじ》にとまるなり
疑惑《ぎわく》のつみのふかきゆえ
年歳劫数《ねんさいこうしゅ》をふるととく

阿弥陀仏の智慧が私たちの思議を超えていることを知らず、念仏を自分の善行と思ってとなえるために、弥陀に会えない辺地懈慢の浄土に生まれ、仏恩を報ずる心も生じない。

善悪の因果を信じ、念仏を自分の善行と思ってとなえる者は、悪人でもそのままに往生せしめられる仏智の不思議さを疑っている。それゆえに、本願を疑う者が往生する疑城胎宮にとめおかれて、弥陀にも説法にも、浄土の人びとにも会えない。

阿弥陀仏の智慧を疑ったことの罪によって、弥陀のおわします真実報土からはるかに離れた懈慢辺地にとめおかれる。疑いの罪は深く重く、長い間この化土でむなしく過ごさなければならない。

五
転輪王の王子の
皇《おう》につみをうるゆえに
金鎖《こんさ》をもちてつなぎつつ
牢獄《ろうごく》にいるがごとくなり

自力の念仏者が疑城胎宮の浄土にとめおかれるのは、転輪皇の王子が父にたいして罪を働き、金の鎖につながれて牢獄に入れられるにひとしい。その牢獄は麗わしく造られている。しかしまことの自由も、喜びもない。

六
自力称名《じりきしようみよう》のひとはみな
如来《によらい》の本願信ぜねば
うたがうつみのふかきゆえ
七宝《しつぽう》の獄《ごく》にぞいましむる

念仏を自分の善行と思ってとなえる人は、阿弥陀仏の、悪人でもそのまま救いたもう平等の本願を信じていない。疑いの罪は深く、転輪皇の王子のように、七つの宝石で作られた牢獄に入れられる。

七
信心のひとにおとらじと
疑心自力《ぎしんじりき》の行者《ぎようじや》も
如来《によらい》大悲の恩をしり
称名《しようみよう》念仏はげむべし

阿弥陀仏は、第十九・第二十の願を設けて、善行の人や自力の人をも救いとろうと誓われている。本願を疑い自力で往生をめざす人も、かかる大悲の仏恩を知って、他力信心の人と同様称名念仏にはげめ。

八 自力《じりき》諸善のひとはみな
仏智《ぶっち》の不思議をうたがえば
自業《じごう》自得の道理にて
七宝《しっぽう》の獄《ごく》にぞいりにける

九 仏智《ぶっち》不思議をうたがいて
善本徳本《ぜんぽんとくほん》たのむひと
辺地懈慢《へんじけまん》にうまるれば
大慈大悲《だいじだいひ》はえざりけり

一〇 本願疑惑《ぎわく》の行者《ぎょうじゃ》には
含花未出《がんけみしゅつ》のひともあり
或生辺地《わくしょうへんじ》ときらいつつ
或堕宮胎《わくだくたい》とすてらるる

他力念仏の往生を信じないで、もろもろの善行を修め、その功徳でもって往生しようとする自力諸善の人には、仏智を疑う罪がある。自業自得の道理によって、七宝の獄のような疑城胎宮の浄土にとめおかれる。

阿弥陀仏は善なき者をも浄土へ往生させるために、あらゆる善と徳を集めた名号を与えられている。かかる仏智の不思議を疑って、念仏を自分の功徳のように思う者は、辺地懈慢にしか往生できず、弥陀の大慈悲にあずかれない。

弥陀の本願を疑う者については、さまざまな経典に説かれている。ある経典には「開かない蓮華の中に閉じ込められる」と説かれ、また「辺地懈慢にしか往生できない」と嫌われ、また「疑城胎宮に堕ちる」と捨てられている。

二一　如来《にょらい》の諸智《しょち》を疑惑《ぎわく》して
　信ぜずながらなおもまた
罪福ふかく信ぜしめ
善本修習《ぜんぼんしゅしゅう》すぐれたり

三一　仏智《ぶっち》を疑惑《ぎわく》するゆえに
胎生《たいしょう》のものは智慧《ちえ》もなし
胎宮《たいぐ》にかならずうまるるを
牢獄《ろうごく》にいるとたとえたり

三三　七宝《しっぽう》の宮殿《くでん》にうまれては
五百歳《さい》のとしをへて
三宝《さんぼう》を見聞《けんもん》せざるゆえ
有情利益《うじょうりやく》はさらになし

阿弥陀仏のもろもろの智慧を疑い、本願を信じきることができないとしても、善悪の果報を信じて、弥陀の万善のこもる念仏をとなえて往生しようと励むことは、他の善行や修行をすることよりは勝っている。

阿弥陀仏の智慧を疑ったために疑城胎宮に往生した者は、弥陀の説法を聞かれず、み仏の智慧が得られない。無知のそのありさまを、蓮華のつぼみにひとしい牢獄に入れられるとたとえられる。

七つの宝で作られた疑城胎宮に往生した者は五百年間、阿弥陀仏にも説法にも、浄土の人びとにも会えない。それゆえにこの世に還って、人びとを教化する還相廻向の働きもできない。

一四 辺地七宝《へんじしっぽう》の宮殿《くでん》に
五百歳《さい》までいでずして
みずから過咎《かく》をなさしめて
もろもろの厄《やく》をうくるなり

一五 罪福ふかく信じつつ
善本修習《ぜんぼんしゅしゅう》するひとは
疑心《ぎしん》の善人《ぜんにん》なるゆえに
方便化土《ほうべんけど》にとまるなり

一六 弥陀《みだ》の本願信ぜねば
疑惑《ぎわく》を帯《たい》してうまれつつ
はなはすなわちひらけねば
胎《たい》に処《しょ》するにたとえたり

念仏を、阿弥陀仏にささげる自分の善行と思いなす者は、浄土の辺地にある七宝の宮殿に五百年間閉じ込められる。自身の罪咎のゆえに、阿弥陀仏に会えず法も聞けないという悲しみを受ける。

善悪の果報を深く信じて、念仏を自分の善行の根本と思いなしてとなえる人は、善人ではあってもいまだ弥陀の本願を疑っている。それゆえに自力をいましめるための、仮りの浄土にとめおかれる。

念仏を自分の善行と思いなす者は、弥陀の本願を信じていない。疑いを抱いて往生するゆえに、蓮華の華はひらかない。蕾に五百年間閉じ込められるありさまを、母の胎内に居るようであるとたとえられる。

一七 ときに慈氏菩薩《じしぼさつ》の
世尊《せそん》にもうしたまいけり
何因何縁《がいんがえん》いかなれば
胎生化生《たいしょうけしょう》となづけたる

一八 如来慈氏《にょらいじし》にのたまわく
疑惑《ぎわく》の心をもちながら
善本修《ぜんぼんしゅ》するをたのみにて
胎生辺地《たいしょうへんじ》にとどまれり

一九 仏智疑惑《ぶっちぎわく》のつみゆえに
五百歳《さい》まで牢獄《ろうごく》に
かたくいましめおわします
これを胎生《たいしょう》とときたまう

疑城胎宮に往生する者がいると釈尊が説きたもう時、慈氏（弥勒）菩薩が訊ねられた。どのような理由があって、浄土往生に疑城胎宮への往生（胎生）と、真実報土への往生（化生）と名づけられる区別があるのでしょうと。

釈尊は慈氏菩薩にのたまわた。弥陀の本願を疑いながら、あらゆる善が集めおさめられている念仏を、自分の功徳のように思い、その功徳で往生しようと頼みにするために、その人は胎生して辺地にとめおかれるのであると。

阿弥陀仏の智慧を疑う罪のために、往生しても五百年間、牢獄のような疑城胎宮にかたく閉じ込められる。このような往生を、胎生の往生というのであると釈尊は説きたもうた。

二〇 仏智《ぶっち》不思議をうたがいて
罪福信ずる有情《うじょう》は
宮殿《くでん》にかならずうまるれば
胎生《たいしょう》のものとときたまう

二一 自力《じりき》の心《しん》をむねとして
不思議の仏智《ぶっち》をたのまねば
胎宮《たいぐ》にうまれて五百歳《さい》
三宝《さんぼう》の慈悲《じひ》にはなれたり

二二 仏智《ぶっち》の不思議を疑惑《ぎわく》して
罪福信じ善本《ぜんぼん》を
修《しゅ》して浄土《じょうど》をねがうをば
胎生《たいしょう》というとときたまう

阿弥陀仏の、いかなる悪人もそのままで往生せしめたもう智慧の不思議さを疑って、善悪の果報を信じ、念仏を自分の善行と思いなし、その功徳でもって往生しようとする人は、疑城胎宮にしか生まれられない。このような往生を、胎生と説かれる。

私たちの思議を超えた阿弥陀仏の智慧に帰依せず、自分が修めた功徳で往生しようとも、できるとも思っている者は、疑城胎宮に往生してしまう。阿弥陀仏を拝して説法を聞き、浄土の人びとに会うという慈悲の働きから、五百年間へだてられる。

阿弥陀仏はいかなる功徳も積めない者も、そのまま浄土へ収めとりたもう。かかる智慧の不思議を疑い、善悪の果報を信じて、念仏を自分の善行の根本と思いなして、その功徳でもって往生を願う者は、胎生の者であると説きたもう。

二三 仏智《ぶっち》うたがうつみふかし
この心《しん》おもいしるならば
くゆるこころをむねとして
仏智《ぶっち》の不思議をたのむべし

阿弥陀仏の平等の慈悲を疑う罪はふかい。このことを思い知るならば、これまで自分の力を信じていたことを悔い、この悔恨の心を根本にして、阿弥陀仏の智慧の不思議さをそのまま信じ、唯一の頼みとされよ。

已上二十三首仏《しゅぶつ》〔智〕不思議の弥陀《みだ》の御《おん》ちかいをうたがうつみとがをしらせんとあらわせるなり

愚禿善信作《ぐとくぜんしんのさく》

皇太子聖徳奉讃《こうたいししょうとくほうさん》

一 仏智《ぶっち》不思議の誓願《せいがん》を
聖徳皇《しょうとくおう》のめぐみにて
正定聚《しょうじょうじゅ》に帰入《きにゅう》して
補処《ふしょ》の弥勒《みろく》のごとくなり

二 救世《くせ》観音大菩薩《ぼさつ》
聖徳皇《しょうとくおう》と示現《じげん》して
多多《たた》のごとくすてずして
阿摩《あま》のごとくにそいたまう

三 無始よりこのかたこの世まで
聖徳皇《しょうとくおう》のあわれみに
多多《たた》のごとくにそいたまい
阿摩《あま》のごとくにおわします

人間の了解のおよばぬ阿弥陀仏の智慧が成就された本願を、私たちは、聖徳太子のお恵みによって知ることができた。私たちはお蔭をもって、かならず浄土へ往生できる人びとの仲間となり、弥勒菩薩と等しい位に成ることができた。

救世観音大菩薩は、聖徳太子に姿を変えてこの世に現われたもうた。父親のように、すべての人びとを捨てずに救いたまい、母親のように、すべての人びとに付き添って護りたもうた。

聖徳太子に示現したもうた観世音菩薩は、一切衆生をあわれんで、永遠の昔から今の世にいたるまで、父親のように添いはなれず、母親のようにお護りくださっている。

四 聖徳皇《しょうとくおう》のあわれみて
仏智《ぶっち》不思議の誓願《せいがん》に
すすめいれしめたまいてぞ
住正定聚《じゅうしょうじょうじゅ》の身となれる

聖徳太子が、一切衆生をあわれみたまい、不可思議なる智慧によって成就された弥陀の本願を、私たちに勧めて帰依せしめられた。お蔭をもって私たちは今、かならず浄土へ往生して、成仏が約束された身となれた。

五 他力《たりき》の信をえんひとは
仏恩報ぜんためにとて
如来《にょらい》二種の回向《えこう》を
十方《じっぽう》にひとしくひろむべし

他力の信心を得た人は、阿弥陀仏の恩徳に報いるために、念仏する者を往生せしめられる往相廻向の働きと、浄土から還って衆生を教化し救わしめられる還相廻向の働きとを、広くすべての衆生に勧めよ。

六 大慈救世聖徳皇《だいじくせしょうとくおう》
父《ちち》のごとくにおわします
大悲救世観世音《くせかんぜおん》
母《はは》のごとくにおわします

慈悲の心ある救世聖徳皇は、父親のように、私たちに帰依すべき正しい道を教えたもうた。慈悲の心ある救世観音菩薩は、母親のように、つねに私たちを護りたもうておられる。

七 久《く》遠劫《おんごう》よりこの世まで
あわれみましますしるしには
仏智《ぶっち》不思議につけしめて
善悪浄穢《じょうえ》もなかりけり

八 和国《わこく》の教主聖徳皇《しょうとくおう》
広大恩徳《おんどく》謝しがたし
一心に帰命《きみょう》したてまつり
奉讃《ほうさん》不退ならしめよ

九 上宮《じょうぐう》皇子《おうじ》方便《ほうべん》し
和国《わこく》の有情《うじょう》をあわれみて
如来《にょらい》の悲願を弘宣《ぐせん》せり
慶喜《きょうき》奉讃《ほうさん》せしむべし

阿弥陀仏が、永劫の過去から今の世にいたるまで、一切衆生を哀れんでくださる証拠に、このみ仏の本願の教えに帰依すれば、善悪浄穢の差別なくみな平等に救われる。

日本ではじめて仏法を教えられた聖徳太子の広大なる恩徳は感謝しがたい。太子が勧められた阿弥陀仏に心から帰依して、その恩徳を讃えたてまつり怠ることなかれ。

観世音菩薩は、人びとを教えみちびく手だてとして、聖徳太子に姿を変えてこの世に現われたもうた。日本の人びとを哀れんで、弥陀の本願の教えを弘く説き明かしたもうた。そのことを喜んで誉め讃えたてまつれ。

一〇　多生曠劫《たしょうこうごう》この世まで
あわれみかぶれるこの身なり
一心帰命《きみょう》たえずして
奉讃《ほうさん》ひまなくこのむべし

私たちは久遠の昔から今の世にいたるまで、数多の生死をくり返してきた間、観世音菩薩の慈悲に護られつづけてきた。阿弥陀仏に心から帰依することによって、観世音菩薩の恩徳をつねに誉め讃えよ。

一一　聖徳皇《しょうとくおう》のおあわれみに
護持養育たえずして
如来《にょらい》二種の廻向《えこう》に
すすめいれしめおわします

私たちは聖徳太子のおん憐れみによって護られ、阿弥陀仏を信じるよう育てられ続けてきた。今その働きが成就して、このみ仏の、往相還相二廻向の救いに勧め入れられた。

已上聖徳奉讃《しょうとくほうさん》　十一首

愚禿悲歎《ぐとくひたん》述懐

一 浄土真宗に帰《き》すれども
真実の心《しん》はありがたし
虚仮《こけ》不実のわが身にて
清浄《しょうじょう》の心《しん》もさらになし

二 外儀《げぎ》のすがたはひとごとに
賢善精進《げんぜんしょうじん》現ぜしむ
貪瞋邪偽《とんじんじゃぎ》おおきゆえ
奸詐《かんさ》ももはし身《み》にみてり

三 悪性《あくしょう》さらにやめがたし
こころは蛇蝎《じゃかつ》のごとくなり
修善《しゅぜん》も雑毒《ぞうどく》なるゆえに
虚仮《こけ》の行《ぎょう》とぞなづけたる

私は浄土真実の教えである本願に帰依して、自分には真実心がないことを知った。私は虚いつわりに満ちた不真実の人間である。法蔵菩薩が浄土を造るために捧げられた清浄心も、かけらもない。

私たちは、外見はそれぞれに賢者・善人・精励者のようにみせかけている。内実は貪欲であり、怒りやすく、邪悪と偽りに満ち、人をたぶらして落とし入れる策略にあふれている。

私たちは本来の悪性を根絶できない。心は蛇や蠍のように悪棘である。善行を修めようとも毒がまざっている。それゆえにこそ、虚仮の行為と命名される。

四　無慚無愧《むざんむき》のこの身にて
まことのこころはなけれども
弥陀《みだ》の廻向《えこう》の御名《みな》なれば
功徳は十方《じっぽう》にみちたまう

五　小慈小悲《しょうじ》もなき身にて
有情利益《うじょうりやく》はおもうまじ
如来《にょらい》の願船いまさずは
苦海をいかでかわたるべき

六　蛇蝎奸詐《じゃかつかんさ》のこころにて
自力修善《じりきしゅぜん》はかなうまじ
如来《にょらい》の廻向《えこう》をたのまでは
無慚無愧《むざんむき》にてはてぞせん

私には凡愚劣悪のおのれを恥じる心もない。まごころはないとはいえ、阿弥陀仏はこのような私を浄土へ収めとるために、南無阿弥陀仏の名号を廻向してくだされている。そこに籠る功徳は私の身にも、全宇宙の衆生にも満ちあふれている。

私は衆生をいささかも慈《いつく》しまず、彼らの不幸を悲しみもしない。彼らを助けることはとてもできない。弥陀の本願の船に乗らなければ、このような私たちがどうして、生死輪廻の苦海を越えてゆけよう。

蛇や蠍のように姦計にみちた心でもって、善を修められる道理がない。阿弥陀仏の真実清浄心の廻向を仰がなければ、おのれを恥じる心もなく命を終えよう。

七 五濁増《じょくぞう》のしるしには
この世の道俗ことごとく
外儀《げぎ》は仏教のすがたにて
内心外道《げどう》を帰敬《ききょう》せり

八 かなしきかなや道俗の
良時吉日《きちにち》えらばしめ
天神《てんじん》地祇《じぎ》をあがめつつ
卜占《ぼくせん》祭祀《さいし》つとめとす

九 僧《そう》ぞ法師のその御名《みな》は
とうときこととききしかど
提婆《だいば》五邪《ごじゃ》の法ににて
いやしきものになづけたり

五つの濁りが増大した末法の世のあらわれとして、僧侶も俗人も、外には仏教に帰依する姿を示しながら、内心は煩悩の満足を教える邪教に心をうばわれている。

悲しいかな、今の世の僧侶も俗人も、目先の欲望を満たすために日時の善悪吉凶を選び、現世の幸せを与えるとされる天の神地の神をあがめ、占いや祀りでもって幸福を得、災いを除こうと努めている。

僧や法師という呼び名は、貴いものと聞いてきた。今はしかし、提婆達多が五邪の法を説いたのに似て、我欲から法を説く賤しい心の者の呼び名となった。

一〇外道《げどう》梵士《ぼんじ》尼乾志《にけんじ》に
こころはかわらぬものとして
如来《にょらい》の法衣《ほうえ》をつねにきて
一切鬼神《きじん》をあがむめり

今の世の僧侶の内心は、外道であるバラモン教徒やジャイナ教徒と同じである。外面だけ釈尊が定めたもうた袈裟を着て、一切鬼神を敬って欲望を満たそうとしている。

一一かなしきかなやこのごろの
和国《わこく》の道俗みなともに
仏教の威儀《いぎ》をもととして
天地の鬼神《きじん》を尊敬《そんきょう》す

悲しいかな、今の日本の僧侶も俗人も、すべて、外見だけ仏教徒の作法を守っているように見せ、内面は欲望の満足のために天地の鬼神を敬っている。

一三五濁邪悪《じょくじゃあく》のしるしには
僧《そう》ぞ法師という御名《みな》を
奴婢僕使《ぬびぼくし》になづけてぞ
いやしきものとさだめたる

今が五濁邪悪の時代であることのあらわれとして、下男下女使用人を小僧・坊主・尼などと呼び、僧や法師という貴い名を、賤しい者を表わす言葉にしてしまっている。

一三 無戒名字《むかいみょうじ》の比丘《びく》なれど
末法濁世《まつぼうじょくせ》の世《よ》となりて
舎利弗目連《しゃりほつもくれん》にひとしくて
供養恭敬《くようくぎょう》をすすめしむ

一四 罪業《ざいごう》もとよりかたちなし
妄想顛倒《もうぞうてんどう》のなせるなり
心性《しんしょう》もとよりきよけれど
この世はまことのひとぞなき

一五 末法悪世《まつぼうあくせ》のかなしみは
南都北嶺《ほくれい》の仏法者《ぶっぽうしゃ》の
輿《こし》かく僧達力者《そうたちりきしゃ》法師
高位をもてなす名としたり

戒律も守らぬ名ばかりの僧侶であろうと、修行する者も悟りをひらく者もいない末法の世には、釈尊の弟子の舎利弗や目連尊者と同じように貴い。供養し敬い尊ぶべきであると、伝教大師最澄は『末法燈明記』で勧められた。

罪業が実体としてあるのではない。真実を知る智慧がないために、実体のように思っているにすぎない。人間の心は本来清浄である。しかしその本性に背いて、悪を好む時代であるゆえに、真実の人はいない。

末法悪世のかなしさで、奈良や比叡山では、輿をかつぐ者にも僧侶の姿をさせている。輿に乗る高位の僧侶が、自分を尊げに見せるために、僧とか力者法師と呼ばせている。

一六 仏法あなずるしるしには
比丘《びく》比丘尼《びくに》を奴婢《ぬび》として
法師僧徒《そうと》のとうとさも
僕従《ぼくじゅう》ものの名としたり

世俗の者が仏教を軽んじているあらわれとして、奴婢に剃髪させ、僧侶や尼の姿に似せて使っている。法師や僧の尊い名を、使用人を呼ぶときの小僧・坊主・尼として用いている。

已上十六首《しゅ》これは愚禿《ぐとく》がかなしみなげきにして述懐《じゅっかい》としたり。この世の本寺本山《ほんざん》のいみじき僧《そう》ともうすも法師ともうすもうきことなり。

釈《しゃくの》親鸞《しんらん》書ニ之一《これをかく》

一 善光寺の如来《にょらい》の
われらをあわれみましまして
なにわのうらにきたります
御名《みな》をもしらぬ守屋《もりや》にて

二 そのときほとおりけともうしける
疫癘《えきれい》あるいはこのゆえと
守屋《もりや》がたぐいはみなともに
ほとおりけとぞもうしける

三 やすくすすめんためにとて
ほとけと守屋《もりや》がもうすゆえ
ときの外道《げどう》みなともに
如来《にょらい》をほとけとさだめたり

善光寺におわします阿弥陀如来は、インド・中国で教化したもうたが、日本の民を哀れんで、教化するために難波の浦に着きたもうた。しかし、仏教を知らなかった日本では、この仏像を、何と呼ぶべきかも知らなかった。

物部守屋は、後にこの阿弥陀仏を、仏殿とともに焼き亡ぼそうとした。その時仏像が暖かかったので、「ほとおりけ」と呼んだ。時に襲った熱病の流行は、「ほとおりけ」のためであると、仏教伝受をこばんだ者たちとともに宣伝した。

「ほとおりけ」では言いにくいので、物部守屋が「ほとけ」と呼んだ。すると外道の者たちはすべて、如来を「ほとけ」と言うようになった。

四　この世の仏法のひとはみな
守屋《もりや》がことばをもととして
ほとけともうすをたのみにて
僧《そう》ぞ法師はいやしめり

五　弓削《ゆげ》の守屋《もりや》の大連《おおむらじ》
邪見《じゃけん》きわまりなきゆえに
よろずのものをすすめんと
やすくほとけともうしけり

親鸞《しんらん》八十八歳《さい》御筆《ごひつ》

日本の仏教徒は、仏像を焼き仏教をこばんだ物部守屋の言葉によって、「ほとけ」を如来の呼び名とした。仏教徒みずからのこの安易さのゆえに、僧や法師という言葉も、いやしい呼び名にされている。

弓削に住んでいた大連の物部守屋は、仏教を亡ぼそうとの邪見によって、すべての人びとに仏を悪しざまに言わせようがため、「ほとけ」という言い易い呼び名を作った。

「獲《ぎゃく》」の文字は、因位《いんい》（成仏する前）のときにうることを獲というのである。「得《とく》」の文字は、果位（成仏後）のときにいたってうることを得というのである。「名《みょう》」の文字は、因位のときの名を名というのである。「号《ごう》」の文字は、果位のときの名を号というのである。「自然《じねん》」というのは、自は「おのずから」ということで、行者のはからいではない。「しからしむ」という言葉である。然というのは、「しからしむ」ということは行者のはからいではなく、如来の誓いであるゆえに然というのである。「法爾《ほうに》」というのは、如来のおん誓いのわざであるゆえに「しからしむる」を法爾というのである。この法爾はおん誓いのわざであるゆえに、すべて行者のはからいがない。これをもってのゆえに、「他力の信心においては、義がないことが義である」と知るべきである。

自然というのは、「もとよりしからしむる」という言葉である。阿弥陀仏のおん誓いが、もともと念仏行者の分別ではなく、私たちに南無阿弥陀仏と頼ませて浄土に迎えてやろうと、弥陀おんみずから誓われたことによる。それゆえに念仏行者は、もはや善いとも悪いとも考える必要がない。それゆえにこそ自然《じねん》と言うのであると私は教わっている。

弥陀の誓いというのは、すべての者を無上の仏にしようとする誓いである。無上仏というのは、形もなくあられるということである。形がないゆえに自然と言うのである。形があるときは、無上涅槃とは言わない。形なくあられることを私たちに報《しら》せようとして、弥陀仏という姿形をもった仏となられたのであると私は教わっている。弥陀仏とは、自然ということの意味を報せようがための手だてである。この道理を理解したなら、この自然ということは、もはや論議するべきではない。論議すればいつでも、義なきを義とすると言いながら、なお義があるかのようにみなしていることになる。自然とは、み仏の智慧が、私たちの理解を超えていることを言う。

よしあしの文字《もんじ》をしらぬひとはみな
まことのこころなりけるを
善悪《ぜんまく》の字しりがおは
おおそらごとのかたちなり

是非しらず邪正《じゃしょう》もわかぬ
このみなり
小慈小悲もなけれども
名利《みょうり》に人師《にんし》をこのむなり

已上

善悪ということの意味も、言葉さえも知らない人は、自分が仏の智慧とほど遠い無知なる人間であることを、よく知っているまことの人である。今私が和讃を作り、阿弥陀仏の本意を知ったかのように善悪を論じたことは、大嘘つきの姿である。

ものの是非もわからず、邪正の何たるかも知らない私である。人のために何かをするささやかな慈悲もなく、人を教えることもできない私が、いま和讃を作って法を説くのは、名誉欲から師と呼ばれたいためにすぎない。

右のこの三帖和讃ならびに正信偈の四帖を、末代にひろめるために、板を開くものである。

文明五年　癸巳　三月　日

蓮如花押

皇太子聖徳奉讃

こうたいししょうとくほうさん

愚禿親鸞が作る

宗祖が聖徳太子を崇敬されたことは、いろいろな文献によって知られるが、それがもっとも明らかなのが、この『皇太子聖徳奉讃』である。『正像末和讃』に含まれる十一首の『皇太子聖徳奉讃』に比べると、教義に関するものがなく、また句の調子も整っているとは言えない。多くは『六角堂縁起』『四天王寺御手印縁起』『太子伝略』『三宝絵詞』などの文をそのまま和讃にしたものである。

一　日本国帰命《にっぽんこくきみょう》　聖徳太子《しょうとくたいし》
仏法弘興《ぶっぽうぐこう》の恩《おん》ふかし
有情救済《うじょうくさい》の慈悲《じひ》ひろし
奉讃不退《ほうさんふたい》ならしめよ

二　四天王寺《してんのうじ》の四箇《しか》の院《いん》
造建《ぞうこん》せんとて山城《やましろ》の
おたぎのそまやまにいりたまう
そのとき令旨《りょうじ》にあらわせり

三　ゆくすえかならずこのところ
皇都《こうと》たらんとしめしてぞ
未来《みらい》の有情利《うじょうり》せんとて
六角《ろっかく》のつち壇《だん》つきたまい

日本国ではじめて仏教に正しく帰依された聖徳太子が、仏法を弘めたもうた恩は深い。一切衆生を救おうとの慈悲の心は広い。その恩徳を誉め讃えることを、怠ってはならぬ。

太子は四天王寺に敬田院・施薬院・療病院・悲田院の四院を建てるため、山城の国のおたぎの山に、材木を切り出すために入られた。木を切られると、根もとから観世音菩薩の像が現われた。太子はそれを見て、令旨にあらわしたもうた。

ゆくゆくは、この地が天皇の住まわれる都になろうと予言され、未来に都に住む者を仏教に帰依せしめんがため、みずから六角の土壇をつき固められた。

四 六角《かく》の精舎《しょうじゃ》つくりてぞ
閻浮壇金《えんぶだんごん》三寸《ずん》の
救世観音大菩薩《くせかんのんだいぼさつ》
安置《あんち》せしめたまいけり

五 数十《しゅじゅう》の年歳《ねんさい》へたまいて
摂州難波《せっしゅうなんば》の皇都《こうと》より
橘《たちばな》のみやこにうつりてぞ
法隆寺《ほうりゅうじ》をたてたまう

六 橘《たちばな》のみやこよりしてこそ
奈良《なら》のみやこにうつれりし
数大《しゅだい》の御寺《みてら》を造隆《ぞうりゅう》し
仏法《ぶっぽう》さかりに弘興《ぐこう》せり

太子は六角堂をお建てになり、木の根もとから現われた救世観音菩薩を安置された。これはインドの、閻浮の樹の間をながれる川底の、砂金で造られた三寸の像である。太子が過去世において、保持しつづけておられた像である。

それから十数年の後に、聖徳太子は法隆寺を建てられた。ところは昔仁徳天皇からつづいた難波の都が、飛鳥の地に移っていたその皇都である。

太子の予言のとおり、飛鳥の地から奈良平城京に皇都が移された。太子は聖武天皇に生まれ変われ、東大寺や国分寺をお建てになり、仏教を弘め盛んにされた。

七 奈良《なら》に四帝《してい》をへてのちに
長岡《ながおか》にうつりたまいけり
五十年《ねん》をふるほどに
おたぎにみやこうつれりき

八 桓武天皇《かんむてんのう》の聖代《せいだい》の
延暦六年《えんりやくろくねん》にこのみやこ
造興《ぞうこう》のとき救世観音《くせかんのん》
奇瑞霊験《きずいれいけん》あらたなり

九 日本国《につぽんこく》にはこの御《み》てら
仏法最初《ぶつぽうさいしよ》のところなり
太子《たいし》の利益《りやく》そののちに
所所《しよしよ》に寺塔《じとう》を建立《こんりゆう》せり

奈良平城京の都ができて、四人の天皇の世がすぎ、次に長岡京に遷都された。それより五十年ほどたってから、山城の国おたぎ、すなわち平安京に都が移った。これらの遷都も、すべて聖徳太子の予言のとおりであった。

桓武天皇の御代、延暦六年（七八七）に平安京を造営されるとき、救世観音菩薩の奇瑞霊験があった。御所を建てられる所に六角堂があったのが、ある日空中に浮き、今の地に移った。

日本国においてはこの京都の六角堂が、仏法が広まる最初の寺である。聖徳太子の仏教興隆の働きのお蔭によって、それより以後、諸方に寺や塔が建立されるようになった。

一〇 太子の勅命帰敬《ちょくめいききょう》して
六角《かく》の御《み》てらを信受《しんじゅ》す
皇宮《こうぐ》の有情《うじょう》もろともに
恭敬《くぎょう》 尊重《そんじゅう》せしむべし

一一 聖徳太子《しょうとくたいし》印度《いんど》にては
勝鬘夫人《しょうまんぶにん》とうまれしむ
中夏晨旦《ちゅうかしんだん》にあらわれて
恵思禅師《えしぜんじ》ともうしけり

一二 晨旦華漢《しんだんかかん》におわしては
有情《うじょう》を利益《りやく》せんとして
男女《なんにょ》の身《しん》とうまれしめ
五百《ひゃく》 生《しょう》をぞへたまいし

聖徳太子のみ言葉を信じ敬って、私親鸞は六角堂の観世音菩薩を心から信じている。天皇によって治められているすべての人びとも、もろともにこの観世音菩薩を、心から信じ敬い尊びたまえ。

聖徳太子は、インドにおいては勝鬘夫人にお生まれになった。中国の晨旦では、法華経を深く体得された恵思禅師に姿をかえて出現された。

中国の晨旦におわしました時は、すべての人びとを仏教に帰依せしめようとされて、男や女に五百回生まれ変わられ、最後に恵思禅師となられた。

一三
仏法興隆《ぶっぽうこうりゅう》のためにとて
衡州衡山《こうしゅうこうざん》にましまして
数十《しゅじゅう》の身《しん》をへたまいて
如来《にょらい》の遺教弘興《ゆいきょうぐこう》しき

聖徳太子すなわち恵思禅師は、仏法を興隆するために、中国の衡州の衡山に出現された。数十回生まれ変わって、釈尊の説き遺しておかれた教えを広められた。

一四
有情《うじょう》を済度《さいど》せんために
恵思禅師《えしぜんじ》とおわします
衡山般若台《こうざんはんにゃだい》にては
南岳大師《なんがくだいし》ともうしけり

聖徳太子は、すべての人びとを救い悟りをひらかせんがため、恵思禅師に姿を変えて出現された。禅師は衡山の般若台におみえになり、南岳大師と言われて敬い尊ばれた。

一五
太子手印《たいししゅいん》の御記《ごき》にいわく
有情利益《うじょうりやく》のためにとて
荒陵《こうりょう》の郷《ごう》の東《ひんがし》に
寺《てら》を建立《こんりゅう》したまえり

聖徳太子がお書きになった「御手印縁起」に言われている。太子は、すべての人びとを救うために、難波の荒陵という所の東に寺を建てられたと。これが今の四天王寺である。

一六　四天王寺《のうじ》の法号《ほうごう》を
荒陵寺《こうりょうじ》とぞ号しける
荒陵《こうりょう》の郷《ごう》にたつるゆえ
みてらの御《み》なになづけたり

一七　癸《みづのと》の丑《うし》のとし
荒陵《こうりょう》の東《ひんがし》にうつしては
四天王寺《してんのうじ》となづけてぞ
仏法弘興《ぶつぼうぐこう》したまえる

一八　このところにはそのむかし
釈迦牟尼如来《しゃかむににょらい》ましまして
転法輪所《てんぼうりんじょ》としめしてぞ
仏法興隆《ぶつぼうこうりゅう》したまえる

四天王寺を、多くの人は荒陵寺と呼んでいた。荒陵の郷に建てられたことから、そう呼ぶようになった。これはしかし俗称である。

癸の丑の年（推古天皇元年五九三）に、はじめ玉造の地に建てられたものが荒陵の東の地に移された。多聞天・持国天・増長天・広目天の四天王を安置されたので四天王寺と名づけられ、仏法を広められた。

四天王寺を建てられた所は、その昔、釈尊がインドからおみえになって説法をされ、仏教を広められた由緒のある場所である。

一九　そのとき太子《たいし》長者《ちようじや》にて
如来《によらい》を供養《くよう》したまいき
この因縁《いんねん》のゆえにより
寺塔《じとう》を起立《きりゆう》したまえり

二〇　四大天王造置《てんのうぞうち》して
仏法弘興《ぶつぽうぐこう》したまうに
敬田院《きようでんいん》をたてたまい
菩提《ぼだい》を証《しよう》するところとす

二一　この地《ち》のうちに麗水《れいしい》あり
荒陵池《こうりようち》とぞなづけたる
青龍《しようりゆう》つねにすみてこそ
仏法守護《ぶつぽうしゆご》せしめける

釈尊がインドからおみえになって説法をされた時、聖徳太子は長者に生まれて、釈尊に供養された。かかる因縁のある場所であったゆえに、ここに四天王寺を建てられた。

寺には仏教を護り広められる四天王を安置して、仏法を盛んにしようとされた。また講堂である敬田院を建てて、悟りをひらくための場所とされた。

四天王寺の境内の中に、麗わしい水をたたえた池があり、荒陵池と名づけられた。青龍がいつもその池に住んでいて、仏教を亡ぼそうとする者や、謗るものから仏法を守っていた。

二二　丁《ひのと》の未《ひつじ》のとしをもて
　たまつくりのきしのうえに
　青龍鎮祭《しょうりゅうちんさい》せしめつつ
　仏法助護《ぶっぽうじょご》したまえり

二三　この地《ち》に七宝《しっぽう》をしくゆえに
　青龍《しょうりゅう》つねに住《じゅう》せしむ
　麗水《れいしい》ひんがしへながれいづ
　白石玉出水《はくせきぎょくしゅつしい》という

二四　慈悲心《じひしん》にてのむひとは
　かならず法薬《ほうやく》となるときく
　令旨《りょうじ》を信《しん》ぜんひとはみな
　ながれをくみてたのむべし

丁の未の年（五八三）、玉造の潟のほとりに、青龍を祀る堂をお建てになり、仏法の弘隆が護持されるようにされた。

四天王寺の境内は、七つの宝で敷きつめられていた。それゆえに青龍がいつも住んでいた。境内の東北に井戸があって、清水がそこから東の方に流れている。白石玉出水と呼ばれている。

白石玉出水を、慈悲の心をいだいて飲む人には、かならず法を説く力や慈悲の働きが成就する。聖徳太子がこの寺を建てられたみ心を信じる人は、皆《みんな》この水を飲んで、太子のみ心を自身の拠り所としたまえ。

二五
宝塔金堂《ほうとうこんどう》は極楽《ごくらく》の
東門《とうもん》の中心《ちゅうしん》にあいあたる
ひとたび詣《けい》する人はみな
往生極楽《おうじょうごくらく》うたがわず

四天王寺の宝塔と金堂は、阿弥陀仏の西方極楽浄土の東の門とまっすぐに向かい合っている。それゆえに、四天王寺に一度でもお詣りすれば、極楽に往生できることは疑いない。

二六
塔《とう》の心《しん》のはしらには
仏舎利《ぶっしゃり》六粒《りゅう》おさめしめ
六道《どう》の有情利益《うじょうりやく》する
かたちとしめしたまいけり

四天王寺の塔の中心の柱の下には、釈尊の遺骨が六粒おさめられている。これは地獄・餓鬼・畜生・修羅・人間・天人という六つの迷いの世界で苦しんでいるすべての者を救おうとのみ心を、形にあらわしたものである。

二七
敬田院《きょうでんいん》に安置《あんち》せる
金銅《こんどう》の救世観音《くせかんのん》は
百済国《ひゃくさいこく》の聖明王《せいめいおう》
太子滅後《たいしめつご》のそののちに

敬田院に安置されている金銅の救世観音菩薩の像は、聖徳太子が前生で出現された百済国の、当時の国王であった聖明王が、当地で太子が亡くなられたあとで作られたものである。

二八 恋慕渇仰《れんぼかつごう》せしめつつ
つくりあらわす尊像《そんぞう》を
阿佐太子《あさたいし》を勅使《ちょくし》にて
きたりましますかたみなり

二九 宝塔第一《ほうとうだいいち》の露盤《ろはん》は
こがねを御手《みて》にてちりばめて
わが朝遺教興滅《ちょうゆいきょうこうめつ》の
かたちを表《ひょう》すとのたまえり

三〇 太子百済国《たいしひゃくさいこく》にましまして
仏像《ぶつぞう》 経《きょう》 律論蔵《りつろんぞう》と
法服比丘尼《ほうふくびくに》をこの朝に
わたしたまいしそのときは

聖明王は、亡くなった聖徳太子を恋いしたわれて、観音の像を作られた。ところが、太子が日本に生まれ変わられたと聞いて、王子である阿佐太子を勅使として、その像を日本に送られた。それが、四天王寺の観世音菩薩像である。

宝塔の屋根の上の、九輪の台である露盤は、聖徳太子がご自分の手に金を付けて塗られたものである。太子は、金がはげなければ仏教は盛んとなり、はげれば仏教は日本国で滅びるであろうとのたまわれた。

聖徳太子が百済国におわしましたとき、仏像および経典と戒律の教え、そして経典の註釈書である論の三つと、僧侶の着る服と尼僧とを日本の国に送りもたらされた。それは欽明天皇の時である。

二一　欽明天皇治天下《きんめいてんのうちてんか》
壬申《みづのえさる》のとしなりき
如来《にょらい》の教法《きょうぼう》はじめてぞ
帰命《きみょう》せしめたてまつる

二二　律師禅師比丘比丘尼《りっしぜんじびくびくに》
呪師仏工造寺工《じゅしぶっくぞうじく》
敏達天皇治天下《びんだってんのうちてんか》
丁酉《ひのとのとり》にわたされき

二三　生《しょう》を王家《おうけ》にうけしめて
詔《しょう》を諸国《しょこく》にくだしてぞ
人民《にんみん》をすすめましまして
寺塔仏像造写《じとうぶつぞうぞうしゃ》せし

欽明天皇の時、壬申の年（五五二）に、聖徳太子は日本に仏教をもたらされ、釈尊の教えを説き広め始められ、人びとを仏教に帰依せしめたもうた。

聖徳太子はまた、戒律を教える師と禅を教える師、僧侶と尼僧、加持祈禱や医術を行う呪禁師、それに仏像や寺や塔を造る工匠《たくみ》たちを、敏達天皇の丁の酉の年（五七七）にもたらされた。

観世音菩薩は、王家に聖徳太子として姿を変えて現われたまい、「三法興隆」のみことのりを出され、人びとに勧めて寺や塔を建てさせ、また仏像を造らせたり写させたりされた。

三四 用明天皇《ようめいてんのう》の胤子《いんし》にて
聖徳太子《しょうとくたいし》とおわします
法華《ほっけ》勝鬘《しょうまん》維摩《ゆいま》等《とう》
大乗《だいじょう》の義疏《ぎしょ》を製記《せいき》せり

三五 太子《たいし》崩御《ほうぎょ》のそののちに
如来《にょらい》の教法《きょうぼう》興隆《こうりゅう》し
有情《うじょう》を救済《くさい》せんひとは
太子《たいし》の御身《ごしん》と礼《らい》すべし

三六 六宗《しゅう》の教法崇立《きょうぼうじゅりゅう》して
有情《うじょう》の利益《りやく》たえざりき
つねに五戒《ごかい》をうけしめて
御名《みな》をば勝鬘《しょうまん》ともうしけり

観世音菩薩は、用明天皇の御子の聖徳太子に姿を変えて現われたもうた。そして、「法華経」「勝鬘経」「維摩経」など、大乗仏典の註釈書を著わされた。

聖徳太子がお亡くなりになったあとで、釈尊の教法はますます盛んになった。迷いに苦しむ人びとを救い悟りをひらかしめるお方は、すべて太子の生まれ変わりであると礼拝せよ。

聖徳太子の生まれ変わりである聖武天皇は、三論宗・法相宗・成実宗・倶舎宗・華厳宗・律宗の六つの学派のすべてを敬われ、人びとを教え導かれた。また聖徳太子は、つねに五戒を守られ、みずから仏子勝鬘と名のられた。

三七 往昔《おうしゃく》に夫人《ぶにん》とありしとき
釈迦牟尼如来《しゃかむににょらい》ねんごろに
勝鬘経《しょうまんぎょう》をときたまう
その因縁《いんねん》のゆえなれば

三八 この経典《きょうてん》を講説《こうぜつ》し
義疏《ぎしょ》を製記《せいき》したまいて
仏法興隆《ぶっぽうこうりゅう》のはじめとし
有情利益《うじょうりやく》のもととせり

三九 仏子勝鬘《ぶっししょうまん》のたまわく
百済《ひゃくさい》　高麗《こうらい》　任那《にんな》　新羅《しんら》
有情《うじょう》のありさまことごとく
貪狼《とんろう》のこころさかりなり

聖徳太子が昔インドにおいて勝鬘夫人であられた時、釈迦牟尼如来は、夫人に懇切丁寧に『勝鬘経』を説きたもうた。この深い因縁によって、

太子は『勝鬘経』を人びとに講義され、註釈書である『勝鬘経義疏』を著わされた。それが日本最初の教典の講義であり、人びとが救われ悟りをひらく基いとなった。

仏子勝鬘（聖徳太子）がのたまわれた。百済国・高麗国・任那国・新羅国に住む人びとのありさまは、愛欲の心がはげしく、狼が獲物にくらいつくようであると。

四〇 かれらのくにを摂伏《しょうふく》し
帰伏《きふく》せしめんためにとて
護世四天《ごせしてん》をつくりてぞ
西方《さいほう》にむかえて安置《あんち》せる

四一 阿佐太子《あさたいし》を勅使《ちょくし》にて
わが朝《ちょう》にわたしたまいし
金銅《こんどう》の救世観世音《くせかんぜおん》
敬田院《きょうでんいん》に安置《あんち》せり

四二 この像《ぞう》つねに帰命《きみょう》せよ
聖徳太子《しょうとくたいし》の御身《ごしん》なり
この像《ぞう》ことに恭敬《くぎょう》せよ
弥陀如来《みだにょらい》の化身《けしん》なり

太子はかの四つの国の人びとを摂めしたがえ、愛欲の心の苦しみから救うために、仏教の守護神である四天王の像を造り、西方に向けて安置された。その寺が四天王寺である。

百済国の聖明王は、王子の阿佐太子を勅使として日本に使わされ、聖徳太子を偲んで造られた救世観音菩薩の像をもたらした。その像は四天王寺の敬田院に安置されている。

四天王寺敬田院の観世音菩薩像に、つねに帰依せよ。この像は聖徳太子の前身である。またこの観音像を、ことに敬い尊びたまえ。この像は聖徳太子の、真の姿である阿弥陀仏が姿を変えられたものであるゆえに。

四三 仏子勝鬘《ぶっししょうまん》うやまいて
十方諸仏《じっぽうしょぶつ》を奉請《ほうしょう》す
梵釈四王龍神等《ぼんしゃくしおうりゅうじんとう》
一切護法《さいごほう》まもるべし

四四 新羅《しんら》の日羅《にちら》もうしけり
敬礼救世観世音《きょうらいくせかんぜおん》
伝燈東方粟散王《でんとうとうほうそくさんおう》と
八耳皇子《はちじおうじ》を礼《らい》せしむ

四五 百済《ひやくさい》の阿佐太子《あさたいし》礼《らい》せしむ
敬礼救世大慈観音菩薩《きょうらいくせだいじかんのんぼさつ》
妙 教流通東方日本国《みょうきょうるづうとうぼうにっぽんこく》
四十九歳伝燈演説《しじゅうくさいでんとうえんぜつ》ともうしけり

仏子勝鬘（聖徳太子）は、敬い尊ばれた全宇宙のみ仏たちに祈り願われた。梵天・帝釈天・四天王・龍神など、仏教を護るといわれる神々よ、釈尊の尊い教えを護りたまえと。

新羅から訪れた日羅聖人が聖徳太子に申し上げた。救世観音菩薩の生まれ変わりであられ、仏教をこの東方の小さな島々からなる日本国に伝えられた王である太子を、私は心から敬い礼拝すると。このように八耳皇子（聖徳太子）を礼された。

百済国の阿佐太子は聖徳太子を礼して申された。敬まって礼拝します。救世大慈観音菩薩の生まれ変わりであらせられる聖徳太子は、妙えなる釈尊の教えを東方日本国に弘められ、四十九歳まで法を広められるでありましょうと。

四六 震旦《しんたん》にしては恵思禅師《えしぜんじ》
恵文禅師《えもんぜんじ》は御師《おんし》なり
勝鬘比丘《しょうまんびく》の御時《おんとき》は
恵慈法師《えじほうし》は御師《おんし》なり

四七 像法第《ぞうぼうだい》十三年《ねん》に
漢《かん》の明帝《めいてい》の時代《じだい》にぞ
天竺《てんじく》の摩騰《まとう》迦竺法蘭《がちくほうらん》
仏教《ぶつきょう》を白馬《はくば》にのせきたる

四八 四百八十余年《よねん》へて
漢土《かんど》にわたしきたりては
みやこの西《にし》にてらをたて
白馬寺《はくばじ》とぞなづけたる

中国において恵思禅師とおわしましたときには、恵文禅師が御師であった。日本において勝鬘比丘（聖徳太子）とおわしましたときには、恵慈法師が御師であった。

像法の世に入って十三年目、中国後漢の明帝の時に、インドの迦葉摩騰と竺法蘭が、仏教の経典を白馬に荷わせて到来した。これが中国に仏教が伝わった始めである。

釈尊がお亡くなりになってから、四百八十年あまり後になって、中国へ仏教が伝えられた。後漢の明帝は、首都長安の西に寺を建てて白馬寺と名づけられた。

四九 大日本国《ごく》三十主《しゅ》
欽明天皇《きんめいてんのう》の御《おん》ときに
仏像経典《ぶつぞうきょうでん》この朝《ちょう》に
奉献《ほうけん》せしむときこえたり

五〇 像法《ぞうぼう》五百余歳《よさい》にぞ
聖徳太子《しょうとくたいし》の御《おん》よにして
仏法繁昌《ぶっぽうはんじょう》せしめつつ
いまは念仏《ねんぶつ》さかりなり

五一 御手印《みしゅいん》の縁起《えんぎ》にのたまわく
崇峻天皇元年《そうしゅんてんのうがんねん》に
百済国《ひゃくさいこく》より仏舎利《ぶっしゃり》を
たてまつるとぞ記《き》したまう

大日本国三十代目の天皇欽明天皇の御代に、この国に仏像と経典が始めて伝来したと伝えられる。

像法の世に入って五百年あまり過ぎた時が、聖徳太子の御代であった。仏教を盛んにされたが、今は修行する者もいない末法の世となり、念仏の教えが盛んになった。

聖徳太子の『御手印縁起』には、崇峻天皇の元年（五八八）に、百済国から釈尊の遺骨である仏舎利がもたらされたと記されている。

五二 太子《たいし》の御ことにのたまわく
　われ入滅《にゅうめつ》のそののちに
　国王后妃《こくおうこひ》とうまれしめ
　国国所所《くにぐにしょしょ》をすすめては

五三 数大《しゅだい》の寺塔《じとう》を建立《こんりゅう》し
　数大《しゅだい》の仏像造置《ぶつぞうぞうち》せん
　数多《しゅた》の経論書写《きょうろんしょしゃ》せしめ
　資財田園《しざいでんおん》施入《せにゅう》せん

五四 長者卑賤《ちょうじゃひせん》の身《み》となりて
　経論仏像興隆《きょうろんぶつぞうこうりゅう》し
　比丘比丘尼《びくびくに》とうまれても
　有縁《うえん》の有情《うじょう》を救済《くさい》せん

聖徳太子がみずからのたまわれた。私はこの一生を終えたあとは、また諸国の国王や后に生まれ変わり、所の人びとに、仏教に帰依せよと勧めるであろうと。

国王や后に生まれ変わって、私は人びとに勧めるであろう。数多の寺や塔を建立し、数多の仏像を造り、数多の経典や論書を書写し、仏法を盛んにするために資財や田畑を寺に寄進するようにと。

聖徳太子は仰せられた。私はこの一生を終えたあとは、また長者や賤しい身分の者に生まれ変わり、仏教を弘め数多の仏像を造ろう。また僧や僧尼とも生まれ変わって、縁のつながった人びとを迷いの苦しみから救うであろうと。

五五 これは他身《たしん》にあらずして
わが身《しん》これならくのみ
奉讃《ほうさん》の一字《じ》一句《いっく》も
みなこれ太子《たいし》の金言《きんげん》なり

五六 儲君《ちょくん》のくらいをさづけしに
仏法興隆《ぶっぽうこうりゅう》のためにとて
再三固辞《さいさんこじ》せしめたまいしに
天皇《てんのう》これをゆるされず

五七 太子《たいし》の御《おん》とし三十三
夏《なつ》四月にはじめてぞ
憲法製《けんぽうせい》して十七条《じょう》
御《み》てにて書して奏《そう》せしむ

聖徳太子は仰せられた。仏教を盛んにしようとする者は、すべて私の生まれ変わりであると。これを思えば、仏教を誉め讃える一字一句も、すべて太子のみ言葉である。

聖徳太子が二十歳になられたとき、推古女帝より、皇太子となって国を治めよと命ぜられた。太子は仏法興隆を望んで再三固辞されたが、天皇は許されなかった。

聖徳太子は三十三歳の時の夏四月に、日本最初の「十七条憲法」をみずからお書きになり、天皇に奏上された。「十七条憲法」は、四月三日に発布された。

五八 十七の憲章《けんしょう》つくりては
皇法《おうぼう》の規模《きぼ》としたまえり
朝家安穏《ちょうかあんおん》の御《み》のりなり
国土豊饒《こくどぶにょう》のたからなり

五九 天喜二年甲午《てんきにねんきのえうま》に
忠禅宝塔《ちゅうぜんほうとう》たてんとて
てずから大地《だいじ》をけずりしに
金銅《こんどう》の函《はこ》をほりいだす

六〇 はこの蓋《ふた》の銘《めい》にいわく
今年《こんねん》かのとのみのとしに
かわちのくにいしかわに
しながのさとに勝地《しょうち》あり

聖徳太子は「十七条憲法」を制定されて、国法の根本精神とされた。これは天皇の治めたもう国家を安穏にする法であり、国を豊かにする宝である。

天喜二年甲午（一〇五四）の年に、法隆寺の僧であった忠禅が、宝塔を建てようとして土台の石を埋めるため、みずから穴を掘っていたところ、金銅でできた函を掘り出した。

忠禅が掘り出した函の蓋に書かれてあった銘文は、聖徳太子がお書きになったものである。そこには、今年辛巳（六二一）の年に、河内の国石川の磯長の、地相のよい場所を私の墓と定めた、とあった。

六一 墓所《むしょ》を点《てん》じおわりにき
　われ入滅《にゅうめつ》ののちに
　四百三十余歳《よさい》に
　この記文《きもん》は出現《しゅつげん》せん

六二 仏法興隆《ぶっぽうこうりゅう》せしめつつ
　有情利益《うじょうりやく》のためにとて
　かの衡山《こうざん》よりいでて
　この日域《にちいき》にいりたまう

六三 守屋《もりや》が邪見《じゃけん》を降伏《こうぶく》して
　仏法《ぶっぽう》の威徳《いとく》をあらわせり
　いまに教法《きょうぶう》ひろまりて
　安養《あんよう》の往生《おうじょう》さかりなり

磯長の地を墓と定めたことを書き記した銘文には、私が死んで四百三十年あまりたってから、世に現われるであろうとも書かれてあった。まさにこの言葉のとおりに、忠禅によって掘り出された。

忠禅が掘り出した聖徳太子の銘文には、私は日本にも仏教を起こし弘め、迷いに苦しむ人びとを救うために、中国衡山での南岳大師恵思の一生を終えて、日本に生まれ変わるとも記されてあった。

物部守屋が仏教を亡ぼそうとした邪見を、聖徳太子は蘇我馬子とともに攻め滅ぼされ、仏法の大いなる威徳を明らかにされた。そのことによって、今にいたるまで仏教が弘まり、阿弥陀仏の浄土へ往生する者も多い。

六四 如来《にょらい》の遺教《ゆいきょう》を疑謗《ぎぼう》し
方便破壊《ほうべんはえ》せんものは
弓削《ゆげ》の守屋《もりや》とおもうべし
したしみちかづくことなかれ

六五 有情《うじょう》 教化《きょうか》のためにとて
仏法《ぶっぽう》を弘興《ぐこう》したまうに
弓削《ゆげ》の守屋《もりや》は破賊《はぞく》にて
かげのごとく随従《ずいじゅう》せり

六六 物部弓削《もののべのゆげ》の守屋《もりや》の逆臣《ぎゃくしん》は
ふかく邪心《じゃしん》をおこしてぞ
寺塔《じとう》を焼亡《しょうぼう》せしめつつ
仏経《ぶっきょう》を滅亡興《めつもうこう》ぜしか

釈尊が説き遺された教えを疑い謗り、嘘いつわりであると捨て去り滅ぼそうとする者は、弓削の物部守屋であると思わなければならない。親しみ近づいてはならない。

聖徳太子は人びとの教化のため、仏教を弘めようとして何度も生まれ変わられた。仏敵弓削の守屋もともに生まれ変わって、仇をなしつづけた。

逆臣弓削の物部守屋は、深い邪心を起こし、蘇我馬子が建てた飛鳥石川の釈尊の遺骨をおさめた仏塔を焼き、仏教を滅ぼそうとした。

六七　このとき仏法滅《ぶっぽうめつ》せしに
悲泣《ひきゅう》懊悩《おうのう》したまいて
陛下《へいか》に奏聞《そうもん》せしめつつ
軍兵《ぐんぴょう》を発起《ほっき》したまいき

六八　定《じょう》の弓《ゆみ》と慧《え》の矢《や》とを
和順《わじゅん》してこそたちまちに
有情《うじょう》利益《りやく》のためにとて
守屋《もりや》の逆臣討伐《ぎゃくしんとうばつ》せし

六九　寺塔《じとう》仏法《ぶっぽう》を滅破《めっは》し
国家《こくか》有情《うじょう》を壊失《えしっ》せん
これまた守屋《もりや》が変化《へんげ》なり
厭却《えんきゃく》降伏《こうぶく》せしむべし

聖徳太子は、物部守屋によって仏教が滅びてゆくことを、悲泣し懊悩したもうた。ついに天皇に申し上げて、守屋討伐の軍を起こされた。

聖徳太子が寂静のちに仏智の矢をつがえ、衆生済度のために放たれると、物部守屋の胸をつらぬいた。

寺や塔を壊し、仏法を滅ぼそうとする者は、国と国民とを滅ぼす。彼らはすべて物部守屋の生まれ変わりである。聖徳太子にならって厭い却《しりぞ》けよ。

七〇 物部《もののべ》の弓削《ゆげ》の守屋《もりや》の逆臣《ぎやくしん》は
生 生世世《しょうじょうせせ》にあいつたへ
かげのごとくに身《み》にそいて
仏法破滅《ぶつぽうはめつ》をたしなめり

七一 つねに仏法《ぶつぽう》を毀謗《きほう》し
有情《うじょう》の邪見《じゃけん》をすすめしめ
頓教破壊《とんぎょうはえ》せむものは
守屋《もりや》の臣《しん》とおもうべし

七二 聖徳太子《しょうとくたいし》の御名《みな》をば
八耳皇子《じおうじ》ともうさしむ
厩屋門《うまやど》の皇子《おうじ》ともうしけり
上宮太子《じょうぐうたいし》ともうすなり

弓削の物部守屋のような逆臣が、いつの世にも伝え現われ、仏教の広まる所にかならずいる。つねに仏教を滅ぼそうと心にかけ、機会をうかがっている。

つねに仏法を謗って滅ぼそうとし、人びとに邪《よこし》まな見解をすすめ、すみやかに悟りをひらからしめられる教えを破る者は、すべて物部守屋の一味と思え。

聖徳太子のみ名は、八人の言うことを一度に聞き分けられたので八耳皇子と申し、厩戸で生まれられたので厩戸の皇子と申し、父用明天皇の宮の南の上殿に住まわれたので、上宮太子とも申しあげる。

七三 憲章《けんしょう》の第二《だいに》にのたまわく
三宝《ぼう》にあつく恭敬《くぎょう》せよ
四生《ししょう》のついのよりどころ
万国《まんごく》たすけの棟梁《とうりょう》なり

「十七条憲法」の第二にのたまわれる。仏と法と僧の三宝をあつく敬い奉れと。このみ言葉こそ、あらゆる生命の最後のよりどころであり、万国の人びとの救いの最上たるものである。

七四 いづれのよいずれのひとか帰《き》せざらん
三宝《ぼう》によりたてまつらずは
いかでかこのよのひとびとの
まがれることをたださまし

何時の世のだれが、聖徳太子のみ言葉に従わないのであろう。仏・法・僧の三宝に依らなければ、どうしてこの世の人びとの、邪《よこし》まな心や惑いの心を正せよう。

七五 とめるもののうたへは
いしをみずにいるるがごとくなり
ともしきもののあらそいは
みずをいしにいるるににたりけり

「十七条憲法」の第五条にのたまわれる。賄賂の盛んな今の時代には、富者が訴えれば、石がすぐ沈むようにたちまち聞きとどけられる。貧者の訴えは、水で石を動かそうとするように、まったく聞き入れられることがないと。

南無救世観音大菩薩
私を哀愍《あいみん》し覆護したまえ
南無皇太子勝鬘比丘
仏がつねに摂受したもうことを願う

皇太子仏子勝鬘
この縁起文は金堂の内監におさめおいて、悪筆であるゆえに披見してはならぬ。
乙卯《きのとう》歳正月八日

これを拝見し太子を奉讃する人は
南無阿弥陀仏ととなえられよ
建長七年乙卯十一月晦日
愚禿親鸞八十三歳　これを書く

書簡

末灯鈔

まっとうしょう

内題に「本願寺親鸞大師御己証并辺州所々御消息等類聚鈔」とある。宗祖自らの体験内容をしるされた法語と、及び宗祖が諸国の門弟につかわされた書簡とを編集したもの。覚如の次男従覚の編。跋文によると、正慶二年（一三三三）四月二五日、「鴨河之西、鳳闕之畔」の暫時の旅所（二条朱雀の衣服寺。従覚の実母播磨局の父教仏の宅）で、日ごろ安置の御消息に、この頃披見された本を以て校合と増補とを行って、二十二通に及ぶ宗祖の法語・消息を集大成したという。時に従覚三十九歳。その後、大谷の宿坊が炎上したので、建武五年（一三三八）七月三日、西山久遠寺で、再び転写本により写伝したものである。

一

念仏者がみまかるとき、阿弥陀仏が迎えにきてくださるというのは、もろもろの行の功徳で浄土に往生することを説く教え（諸行往生《しょぎょうおうじょう》）のほうで説かれていることです。これは自力の念仏者にあてはまることで、臨終《りんじゅう》というのも諸行往生の人びとにかかわる事柄でしょう。この人たちは、まだ真実の信心を得ておられないので、臨終の来迎を期待するのです。*弥陀の来迎《らいごう》というのはまた、*十悪《じゅうあく》・五逆《ごぎゃく》の罪人がはじめて*善知識《ぜんちしき》に会い、念仏をすすめられるときに語られることでもあります。真実信心を得ている念仏行者は、弥陀に収めとられ必ず浄土へ往生せしめられるゆえに、必ず浄土へ往生できると定まった人びと（正定聚《しょうじょうじゅ》）の位にはいっているのです。ですから臨終時を待つ必要もないのだし、弥陀の来迎を頼まなければならない必要もないのです。信心が定まったとき、極楽往生もまた定まっているのです。来迎の儀式の必要はないのです。

正念《しょうねん》というのは、*弥陀の本願を信じきることを言うのです。私たちはこの信心を得るゆえに、かならず無上涅槃《むじょうねはん》にいたるのです。この信心を一心と言います。この一心を金《こん》剛心《ごうしん》と言います。この金剛心を大菩提心《だいぼだいしん》と言います。これがすなわち、他力のなかの他力であります。

ところで正念という言葉には、別の二つの意味があります。一つは静かな心（定心《じょうしん》）で行をおこなう人の正念、いま一つは日常の心（散心《さんしん》）のままで行をおこなう人の正念というのがあるでしょう。この二つの正念は、他力のなかの自力の正念であります。定・散二つの善行は諸行往生にふくまれるものです。この善は、他力のなかの自力の善です。この自力の行人たちが、弥陀の来迎によるお迎えがなければ、*辺地《へんじ》・*胎生《たいしょう》・*懈慢界《けまんかい》にすら生まれることができないのです。それゆえに第十九の誓願《せいがん》に、もろもろの善行を浄土に廻向《えこう》して往生しようと願う人の臨終には、私が姿を現わして迎えようとお誓いくだされているのです。臨終に往生が確かとなることを期待することと、来迎往生ということとは、この定心・散心の行者の言うことであります。

阿弥陀仏が選びとられた念仏往生の本願（選択本願）は、有念《うねん》ではなく、無念《むねん》でもありません。有念とは、色や形を思うことを言います。無念とは、この世のさまざまな形体を心にかけず、色彩も心に思わず、さらに、何の執われもない心の状態を言います。そのような有念や無念は、すべて聖道《しょうどう》の教えであります。聖道というのは、すでに仏になった人が、私たちを仏道にいざなうためにお説きになった仏心宗・真言宗・法華宗・華厳宗・三論宗などの、大乗至極《しごく》の教えを言います。仏心宗というのは、今の世にひろまっている禅宗のことです。また法相《ほっそう》宗・成実《じょうじつ》宗・倶舎《くしゃ》宗などの、権教《ごんぎょう》・小乗などの教えも聖道と言います。権教というのは、すでに仏と成りたもうた仏・菩薩《ぼさつ》たちが、仮りにさまざまな形を現わしておすすめになる教えであるがゆえに権《ごん》と言うのです。

しかし浄土宗にも有念があり、無念があります。こちらでいう有念は日常の心でいろいろな善を行なう（散善《さんぜん》の義《ぎ》）、無念は心を静めて浄土に往生するための修行をする（定《じょう》善《ぜん》の義《ぎ》）ことであります。浄土の無念は聖道の無念とは別のものです。そして、聖道の無念のなかにまた有念ということがあるのです。よくよく調べていただかなくてはなりますまい。

浄土宗のなかに真《しん》があり、仮《け》があります。真というのは選択本願《せんじゃくほんがん》であります。仮というのは定・散の二善です。選択本願は浄土真宗であります。定・散二善は他力念仏の教えに帰依せしめるための手段として仮りに説かれた（方便仮門）教えです。浄土真宗は大乗仏教の至極であります。方便仮門のなかに、また大乗・小乗・権教・*実教の、さまざまな教えがあります。釈迦如来《しゃかにょらい》の修行時代を導いた尊い善知識は百十人であったと、『華厳経』にあります。

南無阿弥陀仏

建長三年(一二五一)辛亥《かのとい》閏九月二十日

愚禿親鸞七十九歳

二

笠*間の信者の疑い問われたこと

浄土真宗の肝要を言えば、極楽往生の教えを信じる人びとの中に他力があり、自力があるのです。これはすでに、天竺《てんじく》の仏教者や浄土教の祖師が仰せられていることです。まず自力というのは、行者各自の仏縁にしたがって、阿弥陀仏以外の仏号をとなえたり、念仏以外の善行を修行してわが身に積んだ功徳を往生の原因となると頼みにしたり、自分の分別心でもって身・口・意の乱れ心をつくろい、整えて往生しようと思うのを自力と言うのです。

一方、他力というのは、弥陀の四十八のおん誓いのうち、おんみずから最高のものと選びとられた第十八の、念仏往生の本願を固く信じることを他力と言うのです。如来のおん誓いであるゆえ、他力には義なきを義とするのであると、法然聖人が仰せられたことがあります。義というのは、分別するという意味です。人間の分別は自力であるから義と言うのです。他力は本願を固く信じて、往生がかならず決定《けつじょう》するということで、そのうえの義はないのです。

ですから、自分は悪人であるから、どうして如来がお迎えくださるはずがあろうと思うべきではありません。私たち凡人は、もともと煩悩《ぼんのう》が具足《ぐそく》しているので、悪人であると思うべきです。また、自分の心が善いので往生できると思うべきではありません。そのような自力の分別では、真実の報土《ほうど》へ生まれることはできません。人間の各自の自力の信によれば、懈慢《けまん》・辺地《へんじ》の往生であり、胎生《たいしょう》・*疑城《ぎじょう》の浄土へしか往生できないと聞いております。

法蔵菩薩《ほうぞうぼさつ》は第十八の本願が成就《じょうじゅ》したゆえに阿弥陀仏となられたのであり、私たちの思議のおよばぬ無限の利益を与えてくださるその御《おん》かたちを、天親菩薩《てんじんぼさつ》は尽十方無礙光如《じんじっぽうむげこうにょ》来《らい》と言いあらわされたのです。それゆえに善人悪人をきらわず、煩悩の心をえらびもへだてもされないので、往生はかならずすると知るべきであると言われています。ですから、*恵心院《えしんいん》の和尚《かしょう》は『往生要集』のなかで、本願の念仏を固く信じる姿というのは、なにをしているときであっても、いつどんなときであっても、念仏すればかならず助けられると深く信ずることであると仰せられたのです。

真実の信心を得た人は弥陀の摂取の光に収めとられていると、間違いなく聖典に書かれています。ですから、無明《むみょう》の煩悩をそなえたままであっても安養の浄土に往生すれば、かならず無上の仏果にいたると釈迦如来はお説きになったのです。しかし五濁《ごじょく》悪世に生きる私たちは、釈尊お一人のみ言葉だけではとても信じられないのです。そこで全宇宙におわします無数の諸仏がすべて証人になられたのであると、善導和尚《ぜんどうかしょう》は解釈したもうたのです。釈迦も弥陀も全宇宙の諸仏も、みんな同じみ心でもって、本願念仏の衆生には、影が形に添うように離れられることがないと解き明かしたもうたのです。

ですから、この信心の人を、釈迦如来は私の親しい友であると喜んでおられるのです。この信心の人を真の仏弟子と言うのです。この人を正念に住する人とするのです。弥陀はこの人を摂取し、お捨てにならないので、金剛心を得たる人と言うのです。この人を上上人《じょうじょうにん》とも、好人《こうにん》とも、妙好人《みょうこうにん》とも、最勝人《さいしょうにん》とも、希有人《けうにん》とも言うのです。この人は正定聚《しょうじょうじゅ》の位に定まっていると知るべきです。ですから、*弥勒仏《みろくぶつ》と等しい人と釈尊は仰せられたのです。このことによって真実信心を得た者は、かならず真実の報土に往生するのであると知るべきです。

この信心を得ることは、釈迦・弥陀・全宇宙の諸仏の御方便によってたまわったのであると知るべきです。ですから、釈迦・弥陀以外の諸仏を謗《そし》ることなどあってはなりません。念仏以外の善行にはげむ人を謗ることなどあってはならないのです。私たち念仏する者を憎みかつ謗る人をも、憎みかつ謗ってはならないのです。憐れんだり、いとおしむ心をもつべきであるとこそ、法然上人は仰せられたのでした。

なんと尊いみ言葉でしょう。仏恩の深さは、たとえ懈慢・辺地・疑城・胎宮《たいぐう》に往生することであっても、弥陀の四十八のおん誓いのなかの、第十九、第二十の願のおん憐れみによるのであって、そのおかげで私たちは思議を超えた楽しみに会うことができるのであります。仏恩の深さには際限がありません。ましてや真実の報土へ往生して大涅槃の悟りをひらくのは、どんなにか素晴しいことでしょう。仏恩の深さをよくよく思うべきです。このようなこと、*性信坊《しょうしんぼう》や親鸞の私見を申しているのではありません。少しもはからいはないのであります。

建長七年(一二五五)乙卯《きのとう》十月三日

愚禿親鸞八十三歳これを書く

三

信心を得た人は、かならず正定聚《しょうじょうじゅ》の位に住むので、仏と等しいさとりを得た最高位の菩薩(等正覚《とうしょうがく》)の位と言うのです。『大無量寿経』では、弥陀の摂取不捨《せっしゅふしゃ》の利益《りやく》にあずかる者を正定聚と名づけられ、*『無量寿如来会《むりょうじゅにょらいえ》』では等正覚と説かれているのです。名前こそ別ですが、正定聚と等正覚とは同じ意味で、同一の位であります。等正覚という位は、*補処《ふしょ》の弥勒《みろく》と同じ位です。弥勒と同様、次の世では無上の悟りにいたることができるので、弥勒と同じと説きたもうてあるのです。

さて『大無量寿経』では「次如《しにょ》弥勒」と説かれています。弥勒はすでに仏に近いので、諸宗では弥勒仏と言い習わしています。すると、弥勒と同じ位であれば、正定聚の人は如来と等しいとも言われるのです。浄土の真実信心を有する人は、その身こそ浅ましい不浄造悪《ふじょうぞうあく》の身であるとはいえ、心はすでに如来と等しいので、如来と等しいと言うこともありうると知ってください。弥勒は菩薩でありながら、心はすでに無上覚に定まっておられるので、五十六億七千万年後に必ず仏となられる。それゆえ*三会《さんね》の暁と言われるのです。浄土真実の人も、この心を心得るべきでしょう。

*光明寺の和尚《かしょう》の『*般舟讃《はんじゅさん》』には、信心の人はその心がすでに浄土に居ると解釈されてあります。居るというのは、浄土に、信心の人の心がつねに居るのである、という意味です。これは弥勒と同じと言うことであります。これは等正覚が弥勒と同じということにより、信心の人は如来と等しいという意味です。

正嘉元年(一二五七)丁巳《ひのとみ》十月十日

親鸞

性信御房

四

これは経典にある文章です。『華厳経』にあって、「信心歓喜者与諸如来等《しんじんかんぎしゃよしょにょらいとう》」というのは、信心よろこぶ人は、もろもろの如来と等しいという意味です。もろもろの如来と等しいというのは、信心を得てことによろこぶ人は、釈尊のみ言葉では、「見敬得大慶《けんきょうとくだいきょう》則我善親友《そくがぜんしんゆう》（信心を得て大いなるよろこびを得る者は、すなわちわが善き親友である）」と説いておられるのです。また弥陀の第十七の願には、「十方世界無量諸仏不悉咨嗟称我名者不取《じっぽうせかいむりょうしょぶつふしっししゃしょうがみょうしゃふしゅ》正覚《しょうがく》（全宇宙の無量の仏たちがことごとく私＝阿弥陀仏を誉め讃え私の名前をとなえなければ、私は仏とならない）」とお誓いになっておられます。そして、これらの誓願が成就したことを示す文章のなかには、弥陀がすべての仏にほめられて喜びたもうとあります。いささかも疑うべきではありません。これは、「如来と等しい」という文章などを書き記すものです。

正嘉元年（一二五七）丁巳《ひのとみ》十月十日

親鸞

真*仏御房

五

自然《じねん》というのは、自は「おのずから」ということで、私たち念仏行者の分別ではないことを意味します。然というのは「しからしむ」という言葉です。しからしむというのは、行者の分別ではないということで、如来の誓いであるゆえに法爾《ほうに》と言うのです。法爾というのは、この如来のおん誓いであるゆえに、しからしむることを法爾と言うのです。法爾は、このおん誓いであったゆえに、行者の分別がいっさい加わらないので、この法の徳のゆえにしからしむと言うのです。すべて、人間の分別が関与しないと言うことです。それゆえに、義なきを義とすると知るべきであると言われるのです。

自然というのは、「もとよりしからしむる」という言葉です。弥陀仏のおん誓いが、もともと念仏行者の分別ではなく、私たちに南無阿弥陀仏と頼ませて浄土に迎えてやろうと、弥陀おんみずから誓われたことによる。それゆえに念仏行者は、もはや善いとも悪いとも考える必要がないのです。だからこそ自然《じねん》と言うのであると私は教わっているのです。

弥陀の誓いというのは、すべての者を無上の仏にしようとする誓いです。無上仏というのは、形もなくあられるということです。形がないゆえに自然と言うのです。形があるときは、無上涅槃とは言わないのです。形なくあられることを私たちに報《しら》せようとして、弥陀仏という姿形をもった仏となられたのであると私は教わっております。弥陀仏とは、自然ということの意味を知らせようがための手だてであります。この道理を理解したなら、この自然ということは、もはや論議するべきではありません。論議すればいつでも、義なきを義とすると言いながら、なお義があるかのようにみなしていることになります。自然とは、み仏の智慧が、私たちの理解を超えていることを言うのです。

正嘉二年（一二五八）十二月十四日　　愚禿親鸞八十六歳

六

何よりも、去年・今年と、おびただしい老若男女《ろうにゃくなんにょ》がみまかったこと、悲しいことに思います。ただし、*生死《しょうじ》無常《むじょう》の道理は、釈尊がくわしく説き置いてくだされていることであれば、驚いてはなりますまい。

まず私*善信《ぜんしん》の場合は、人の死にゆくさまの善し悪しをとやかく申しません。信心が決《けつ》定《じょう》している人は、疑いがないゆえに正定聚の位に住んでいるのです。それゆえにこそ愚《ぐ》痴無智《ちむち》の人も、善き臨終が迎えられるのです。如来の御はからいによって往生するのであると人びとに説いておられるとのこと、これに間違いはありません。私が年来、皆みな様に申してきたことと少しも違ってはおりません。けっして学者のような論議をせず、極楽往生をとげてください。故法然上人が、「浄土宗の人は愚者になりて往生す」と仰せられたこと、私はたしかに聞いております。

上人はそのうえ、何も知らぬ浅ましい人びとが訪ねてくるのを御覧になると、きっと極楽へ行くよと、笑って仰せられていたのを私は見ております。また教学をよく理解している、いかにも賢《さかし》げな人が訪ねてくれば、この人の往生はどうであろうと仰せられていたのを、私はたしかに聞いているのです。このみ言葉は、今にいたるまで思いあたることが多いのです。もの知り顔の人びとにだまされることなく、御信心をたじろがせることなく、各自往生なさるべきです。ただし、人にだまされなくとも、信心の定まらぬ人は正定聚の位に住まず、落ちつきのない人であります。*乗信房《じようしんぼう》殿にこのように申ししたこと、他の人びとにもお伝えください。かしく。

文応元年(一二六〇)十一月十三日

善信八十八歳

乗信御房

七

往生にかかわる事柄は、何ごとであれ私たち凡夫の分別によるものではありません。如来のおん誓いに任せきってしまうのであるゆえ、他力と言うのです。それをさまざまに論議しておられるとのこと、私には奇妙に思われます。

如来の誓願を信じる心が定まる時というのは、阿弥陀仏が人びとを収め取って決してお捨てにならない（摂取不捨《せっしゅふしゃ》）という利益にあずかるゆえに、不退《ふたい》の位に定まるのであると心得てください。真実信心が定まるというのも、金剛信心が定まるというのも、摂取不捨であるゆえにそう言うのです。だからこそ、無上の悟りの境地にいたることができる心が起こると言うのです。これを不退の位とも、正定聚の位にいるとも言うのですし、等正覚にいたるとも言うのです。この心が定まることを、全宇宙におわします仏たちがお喜びになって、諸仏の心に等しいとお賞《ほ》めになるのです。

このゆえに、まことの信心の人をば、諸仏に等しいというのです。また、補処《ふしょ》の弥勒と同じであるとも言うのです。この世において真実信心の人を守ってくださるゆえにこそ、『阿弥陀経』には、「十方恒沙《ごうじゃ》の諸仏護念す」と説かれてあるのです。私たちが安楽の浄土に往生した後でお守りになるということではありません。娑婆の世界にいるあいだにこそ、護ってくださると言われているのです。信心がまことである人の心を、全宇宙におわしますみ仏たちがお賞めになって、仏と等しいと言われるのです。
また、他力というのは、義なきを義とす、ということです。義というのは、念仏行者各自が分別することを義というのです。如来の誓願は私たちの思議を超えていて、仏と仏のあいだでだけ領解されることであります。凡夫が分別できることではありません。補処の弥勒菩薩をはじめとして、仏智の不思議を分別できる者はおりません。ですから、如来の誓願には義なきを義とするのです。これは大師法然上人の仰せであります。この心得のほかには、往生のために必要なものはないと知って、この世を過ごせば、他人の意見は要らぬものであります。以上、謹んでお答えいたします。

二月二十五日

親鸞

浄信御房御返事*

（浄信上書）

無礙光如来の慈悲と光明に摂取していただきましたので、名号をとなえつつ不退の位に入り定まりました以上は、私にとっては今さら摂取不捨をあれこれ考える必要はないと思うのです。しかも『華厳経』に、「この法を聞いて歓喜信心し、疑いを抱かざる者は、もろもろの如来にも等しい無上の仏道をすみやかに成就する」と説かれてあります。また第十七の願には、「全宇宙の無数の仏たちに私（弥陀）をほめたたえ我が名を称えせしめよう」とあります。またその誓願が成就したことを示す文章に、「全宇宙の無数のみ仏たち」とありますのは、信心の人のことであると思うのです。そのことは信心の人は、今この世に生きているありのままの姿で、阿弥陀仏と等しいということであると思うのです。この確信ができました以上は、私どものような凡夫が何を考える必要もないと思うのです。この信心がまちがっていないかどうかを、くわしくおうかがいしたいのです。恐れかしこまって申しあげます。

二月十二日　　浄信

へ

また五説というのは、この世には無数の教えが説かれてありますが、種類としては五種にすぎないということです。一つには仏説、二つには仏弟子の説、三つには天仙《てんせん》の説、四つには鬼神の説、五つには変化《へんげ》（本来の姿をかくして仮りの姿で現われたもの）の説の五つであります。私たちはこの五説のうち、仏説を用いて他の四種を頼りにしてはなりません。私たちが根本の経典と仰ぐ『浄土三部経』は、釈迦如来がみずからお説きになった説と知るべきであるとされています。

四土というのは、一つには姿なき真理の身の仏（法身《ほっしん》）の土、二つには菩薩の修行の果報としての仏（報身《ほうじん》）の土、三つにはそれぞれの衆生にふさわしくいろいろな人間となって教化する仏（応身《おうじん》）の土、四つにはいろいろなものに姿を変えて、人びとを教え導びく仏（化仏）の土です。私たちが往生する安楽の浄土は、このうちの報土です。

三身というのは、一つには法身、二つには報身、三つには応身です。私たちを浄土へ摂取したもう阿弥陀仏は、このうちの報身の如来です。

三宝というのは、一つには仏宝、二つには法宝、三つには僧宝です。私たちが信奉する浄土宗は、このうちの仏宝です。

四乗というのは、一つには仏となる教え（仏乗）、二つには菩薩となる教え（菩薩乗）、三つには縁覚となる教え（縁覚乗《えんがくじょう》）、四つには声聞となる教（声聞乗《しょうもんじょう》）です。このうち、私たちの浄土宗は菩薩乗です。

二教というのは、一つには速やかに悟りをひらく教え（頓教《とんぎょう》）、二つには段階を経て悟りをひらく教え（漸教《ぜんぎょう》）です。浄土の教えは頓教です。

二蔵というのは、一つは菩薩の行を説く経典（菩薩蔵）、二つには声聞の行を説く経典（声聞蔵）です。浄土の教えは菩薩蔵です。

二道というのは、一つには難行苦行によって悟りにいたる道（難行道）、二つにはたやすい行で悟りにいたる道（易行道）です。私たちの浄土宗は易行道です。

二行というのは、一つには一つの行だけを正しく行なうこと（正行《しょうぎょう》）、二つにはいろいろな行を雑多に行なうこと（雑行《ぞうぎょう》）です。私たちの浄土宗は正行を本としております。二超というのは、一つには縦に迷いを超え離れること（竪超《じゅちょう》）、二つには横ざまに迷いを超え離れること（横超《おうちょう》）です。私たちの浄土宗は横超です。竪超は聖道自力です。二縁というのは、一つには無縁、二つには有縁《うえん》です。私たちの浄土は有縁の教えです。二住というのは、一つには止住《しじゅ》、二つには不住です。私たちの浄土の教えは、他の仏説がすべて滅びたところで、なお百年存続し、生きとし生けるものを利益すると言われています。不住は聖道門のさまざまな善行であり、これは末法の世には竜宮に隠れてしまっているのです。

思不思というのは、思議の教えは八万四千といわれる聖道のさまざまな修行の仕方を言い、不思というのは、浄土の教えは人間の思議を超えた教法である、ということです。

以上のようにお答えしました。けれども、教義をよく知っている方にお訊ねになってください。詳細は、とてもこのような手紙で説明できません。それに、私は眼もみえないのです。何ごともみんな忘れはてたうえ、人に明らかに説きうる学識もそなえておりません。よくよく浄土の学者たちにお訊ねになってください。かしく。

閏三月三日

親鸞

九

お手紙くわしく拝読しました。ところでこのお疑いは、私には当然であると思えません。というのは、弥陀の誓願と名号と申しましても、この二つに何の相違もないからです。誓願を離れた名号は存在せず、名号を離れた誓願も存在しないのです。けれども、こういう私の見解も、人間の分別でしかありません。ただ誓願を私たちの思議を超えたものと信じ、名号をも同様のものと、一心に信じて念仏をとなえた以上は、どうしてそのうえなお人の分別をはたらかせたりするのでしょう。阿弥陀仏の誓願を聞きわけたり、知りわけたりしようなどと、あれこれと考えておられるのでしょうか。これはすべて間違ったことです。ただ人間の思議を超えていると信じたうえは、とやかく分別してはならないのです。往生のための原因には、私たちの分別は関与しえないのです。まことに尊いことなのです。ただ如来に任せておいでになればよいのです。まことに尊いことであります。

五月五日

親鸞

義であると言われるのです。

教名御房

この手紙を、人びとにもお見せになってください。他力の信心においては、義なきが

10

お手紙くわしく拝読しました。さて、浄土のみ教えについてのお訊ねとして、私たちが一念発起《ほっき》して信心するとき、何ものも妨害できぬ如来の心光に摂取され護持していただけるため、つねに浄土へ往生できる原因が決定しているとあなたは仰せられました。これは尊いご意見です。いかにも正しいご意見を仰せになっているのですが、これはすべてご自分の分別になってしまっていると私は思うのです。如来の慈悲は、ただ私たちの思議を超えているのであるとお信じになったうえは、あれこれと考えるような分別はあってはならぬと私は思います。

また、ある人の仰せとして、

自分はこの世を出離したい心は多いが、浄土に生まれる業因《ごういん》は少ないと仰せられたということ、私には同意できないことです。出離というのも、浄土の業因というのも、みな同一のことであります。このような見解はすべて、余計な分別であると思います。み

仏の智慧は私たちの理解を絶しているとお信じになったなら、他にあれこれと、何かにつけて分別されないほうがよいのです。ただただ、人びとがとやかく言いたてることによって、如来の誓願を疑ったりしないことです。ただただ、如来の誓願にすべてをお任せするのです。あれこれの分別があってはならないのです。かしく。

五月五日

親鸞

浄信の御房へ

他力というのは、あれこれの分別がないことを言うのです。

二

専信坊*が京の近くにお移りになったこと、頼もしく思います。

また御志の銭三百文、たしかにたしかに、つつしんで頂戴いたしました。

四月七日付のお手紙、五月二十六日に、たしかにたしかに拝見しました。そこで仰せられていることですが、信の一念と行の一念ということ、言葉にすれば二つですが、信から分離した念仏行はありえません。行の一念から分離した信の一念もないのです。その理由は、行というのは、本願の名号を一声となえれば往生するということを如来から教わって、一声でも念仏をとなえ、あるいは十度もとなえることを行と言うのです。如来のこのおん誓いを聞いて、疑う心のすこしもないのを、信の一念と言うのです。ですから、信と行と二つを教わったところで、一度でも念仏すれば往生すると教わって、疑わなければ、行と分離した信は存在しないと私は教わっているのです。また、信から分離した行もないとお思いになってください。これはすべて、弥陀のおん誓いであると言われていることを心得てください。行と信とは弥陀のおん誓いを言うのです。かしく。ご寿命あれば、きっときっと上京してください。

五月二十八日

（親　鸞）

覚信御房御返事*

三

お訊ねになった念仏についてのお疑いですが、念仏すれば往生できると信じる人は、辺地へ往生してしまうとして排斥されるということ、私にはほとんど理解できません。

その理由は、弥陀の本願というのは、名号をとなえる者を極楽へ迎えてやろうとおん誓いになったのを、深く信じてとなえるのが、み心にかなったことであるからです。信心があっても、名号をとなえなければ甲斐がないのです。またひたすら名号をとなえても、信心が浅ければ往生はむつかしいのです。ですから、念仏すれば往生すると深く信じて、しかも名号をとなえたなら、疑いなく報土《ほうど》に往生するのです。

要するに、名号をとなえたとしても、他力本願を信じなければ辺地に生まれてしまうのです。本願他力を深く信じる人びとが、どうして辺地に往生してしまうということがあるでしょう。このことを、よくよく心得られて念仏してください。私は、今は老齢のきわみに達しておりますので、きっとあなたよりもさきに往生することでしょう。かならずかならず浄土でお待ちしております。かしく。

七月十三日　　　　親鸞

有阿弥陀仏御返事

三

お訊ねの、弥陀が念仏する者をすべて浄土にお迎えになるということですが、*『般舟《はんじゅ》三昧行道往生讃《さんまいぎょうどうおうじょうさん》』というのに説かれてあることを読みますと、釈迦如来と阿弥陀仏が私たちにとって慈悲の父母であり、さまざまな手段によって、私たちの無上信心を開き起こさせたもうのである、とあります。ですから、まことの信心が定まるのは、釈迦・弥陀の御はからいであると知られます。往生の心が疑いなく定まるのは、摂取していただいているからであると知られます。摂取されたうえには、行者の分別は何もあってはならないのです。私たちが浄土へ往生するまでは不退の位につくので、正定聚の位と名づけられているのです。まことの信心を、釈迦如来、阿弥陀仏の御《おん》はからいで発起させたもうのであると説かれてあるからには、信心の定まる時というのは、摂取にあずかる時なのです。私たちはその後は、まことに浄土に生まれるまでは正定聚の位にいるのであると説かれています。とにもかくにも行者の分別を塵《ちり》ほども加えることがないゆえにこそ、他力と言うのです。かしく。

十月六日　　親鸞

しのぶの御房の御返事*

一四

(慶信上書)*

畏んで申し上げます。

『大無量寿経』に「信心歓喜」とあります。聖人のおつくりになった、『華厳経』を引用しての『浄土和讃』にも、「信心よろこぶその人を、如来と等しと説きたもう。大信心は仏性《ぶっしょう》なり、仏性すなわち如来なり」と仰せられているのですが、専修《せんじゅ》念仏行者のなかには、この言葉を誤解している人もいると思われます。つまり、同行の人たちが、信心よろこぶ人を如来と等しいと主張するのは自力であり、これはむしろ真言*の見解にかたよっていると、異をとなえる人びとがいるのです。当人の心のなかを知るべくもありませんが、こういう異論があることをお報《しら》せします。

また真実信心を得る人は、そくざに定聚《じょうじゅ》のなかに加えられます。「不退の位にはいれば、かならず滅度を悟らせよう」とあります。この滅度を悟らせるとあるのは、私たちの人身が今度果ててしまうとき、真実信心の行者の心は報土に到着するのですが、私たちはそのとき無限の寿命を得るのであり、しかも弥陀の無限の光明に照らされて、その徳から離れることがありません。それゆえに、私たちの心も如来の心光に等しとなるのです。貴方はそれゆえにこそ、「大信心は仏性なり。仏性は即《そく》如来なり」とお教えになったのではないでしょうか。

これは十一・十二・十三*の誓願をお説きになったものと思われます。私たち罪悪深重の凡夫を救おうとして、発起したもうたこの如来大悲のおん誓いは賞《め》でたく素晴らしいものでこれに出会えたうれしさは、語る言葉もなく、どうにも言いようがないものであります。無始よりこのかた、無限の時が過ぎ去ったあいだに、無数のみ仏がおでましになり、私たちはそのもとで自力の大菩提心を起こしたとはいえ、自力で悟りを得ることはできなかったのです。今ここに釈迦・弥陀二尊のたくみな手だての導きによって、私たちははじめて雑行《ぞうぎょう》 雑修《ざっしゅ》の自力疑心の思いがなくなったのです。だれをも摂取してお捨てにならぬ無礙光《むげこう》如来のおん憐れみをかけていただいたゆえ、もはや疑う心がなく喜び、ただ一度念仏する者も、ただ一度心に思う者さえも往生が決定し、弥陀の誓願は私たちの思議を超えていると心得た以上は、飽かずに読みふけり承わる浄土のみ教えも、よき師に会いたいと希《ねが》うことも、摂取不捨も、信も、念仏も、もはやすべてが他の人のためではなく、私ひとりのためであったと思われるのです。

いま浄土の祖師たちのみ教えのゆえに私心を去り、み教えをそのままに承わることができたことによって、本願の意思を悟り、直接浄土へいたる道を求め得られて、正しい真実報土に往生することができるのであります。この念仏と、弥陀の名を聞くことができたことの嬉しさや御恩のいたりを、私はそのうえ『*弥陀経義集《みだきょうぎしゅう》』によっても、ほぼ明らかに知ることができたのです。

私はしかし世事の多忙にまぎれて、一刻あるいは二刻三刻のあいだの勤めは怠るとはいえ、昼夜を通じて弥陀の慈悲のお力を忘れたことはありません。すなわち日常どこにいようと、時と場所の不浄もきらわず、金剛の信心はひたすら抱きつづけていて、仏恩の深さや師主《ししゅ》の恩徳の嬉しさに報謝《ほうしゃ》するため、ただみ名のみとなえているのであって、時を定めた日課とはしておりません。これは間違ったことでしょうか。一生の大事は、仏法以上のものはありません。それゆえ、よくよく詳細にお教えいただきたいと願って、ふつつかな思いを書き記しました。

ついては京に長らく滞在しておりましたのに、多忙きわまりなく、心しずかに暮らせなかったことを残念に思っております。何としても、口実をもうけてでも、ぜひもう一度京へ上りまして、せめて五日なりとも伺候《しこう》し心静かにお教えを受けたいと願っております。ああ、私がこうまで申し上げたくなるのも、弥陀や貴方さまの御恩のお力によるものです。

聖人のみもとへ進上いたします。*蓮位《れんい》御房殿おとりつぎください。

十月十日

慶信のぼす

追って申し上げます。

念仏申す人びとのなかに、南無阿弥陀仏ととなえるあいまに、無礙光如来ととなえる人もいます。これを聞いて、ある人が、南無阿弥陀仏ととなえてそのうえ、*帰命《きみょう》尽十方無礙光如来ととなえるのは、憚《はばか》りあることであり、今に始まった新しいことであるとも言っています。この意見はどうでございましょう。

（宗祖返書）

南無阿弥陀仏ととなえて、そのうえ無礙光仏と言うのは間違っているとの仰せですが、これはまったくの誤解です。弥陀の勅命に従うことを南無というのです。無礙光仏は光明です。智慧です。この智慧がすなわち阿弥陀仏です。阿弥陀仏がどのようなおん形をしておられるのかは分かりません。ですから、そのおん形をはっきりと知らせようとして、世親菩薩が力をつくして、無礙光仏と言いあらわされたのです。このほかのことについては、あなたのお手紙の文字をすこしく訂正しました。

（蓮位添状）

お送りになったお手紙の内容を、私は聖人にくわしく申し上げました。すると聖人は、あなたのお手紙に書かれてあるご見解は、すべて正しいと仰せになりました。ただし、一度念仏すれば往生が決定して、弥陀の誓願は私たちの思議を超えていると心得るのであると仰せになったこと、正しい見解のようにみえますが、一度の念仏にとどまるところは間違っていると仰せになりました。そこでお手紙のそばに、ご自分の筆で、間違っているとのことを書き加えられたのです。最初は蓮位に書き入れよと仰せになったのですが、ご自分の筆で書かれてこそ、強い証拠になると思われると私は考えました。そこで、聖人は折りあしく咳の出る病いを患っておられたのですが、私はそう申し上げたのです。

また京に上られた方がたは、国で論議されている事柄として、念仏行者は弥勒と等しいと主張する人びとがおられると言っておられました。このことを申し上げますと、聖人はこの問題について自分が書いた文章があると言われました。その文章をここに書き写しました。御覧になってください。

また弥勒と等しいというのは、弥勒は等覚の分です。これは*因位《いんい》の分です。たとえて言えば、十五夜になって満月になる月が、まだ八日・九日のあたりにいるような状態です。これは自力修行のさまを言っているのです。一方、私たち信心が決定《けつじょう》した凡夫の位は、正定聚の位です。これもまた因位であり、等覚の分です。しかし弥勒は自力であり、私たちは他力なのです。自他の相違こそはあれ、因位の位は等しいと言われるのです。

また弥勒が*妙覚《みょうがく》の悟りに達するのはおそく、私たちが滅度《めつど》にいたるのは早いのです。弥勒は五十六億七千万年後に仏となるのですが、私たちは竹の膜ほどのかなたで滅度にいたるのです。悟りには漸悟と頓悟の相対があり、弥勒の悟りとは、この相対において言われている頓悟です。一方、私たちの悟りは、頓悟のなかの頓悟なのです。

滅度とは妙覚のことです。曇鸞《どんらん》の註にこう説かれています。樹があって、好堅樹《こうけんじゅ》と言われています。この木は地底に百年間わだかまっているのですが、地上に生い出るときは、一日に百丈ずつ伸びると言うのです。この木が地底に百年わだかまるというのは、私たちが娑婆世界で正定聚の位にある境位を言います。一日に百丈伸びるというのは、私たちが浄土で弥陀の導きに会い、滅度にいたる境地をたとえて言っているのです。これが他力の姿です。松が生長するのは毎年一寸を越えません。この遅さが自力修行の姿です。また如来と等しいというのは、私たち煩悩に満ちみちる凡夫は、み仏の心光《しんこう》に照らされて信心歓喜します。信心歓喜するゆえに正定聚の数にはいることを言うのです。

信心というのは智です。この智は、他力の光明に摂取していただけるがゆえに得られる智です。み仏の光明も智です。そうであるがゆえに、同じであると言うのです。同じというのは、信心が等しいという意味です。歓喜地《かんぎじ》というのは、信心を歓喜するのです。自分の信心を歓喜するゆえに同じと言うのです。聖人がこのようにくわしく自筆で書いておられることを、私はここに書き写しました。

また一方では南無阿弥陀仏と言い、他方では無礙光如来ととなえることにたいするお疑いについても、あなたのお手紙のそばにくわしく自筆でお説きになりました。それゆえに、あなたのお手紙をお返しします。一方では阿弥陀と言い、他方では無礙光と言いますが、み名は異なっているとはいえ、意味は一つです。阿弥陀というのは梵語《ぼんご》なのです。この梵語に、無限の寿命という意味があれば、何ものも障害できぬ光という意味もあるのです。梵語と漢語のあらわし方に相違があるとはいえ、意味は同じなのです。

あなたの父上覚信坊《がくしんぼう》のこと、まことに感慨ぶかくも、また尊くも思います。その理由は、信心を誤まらずに命を終えられたからです。また、私もたびたび、どのような信心をいただいておられますかとお尋ねしておりましたので、お亡くなりになるまで、信心が変わることなく、いよいよ堅く疑いないものであったことを存じております。覚信坊はこのたび京へ上ろうとして国を出、一日市というところで発病されたのでした。同行たちはそのとき、国へ帰るようすすめたのですが、覚信坊は、もう死んでしまうのであれば、帰国しても死ぬのだし、ここにいても死ぬであろう。また病気がなおるものならば、帰ってもなおるのだし、ここにいてもなおるであろう。同じことであれば、聖人のみ許《もと》で死ねば、善き死を死ぬことになると思って参上したのであるとお話しになったのでした。この御信心はまことにほめたたえるべきものに思います。善導和尚《ぜんどうかしょう》の釈にある二河《にが》の比喩《ひゆ》も思いあわせられ、世にも賞《め》でたく思い、羨ましくも思うのです。

覚信坊は臨終のさいには、南無阿弥陀仏・南無無礙光如来・南無不可思議光如来とおとなえになって、合掌して静かに亡くなってゆかれました。また私たち人間が、遅れたり、先立ったりして死んでゆく例は、憐れに歎かわしく思われようとも、先立って滅度にいたった者は、かならずまっさきにこの世の人びとを救い浄土へ往生させようという誓いを起こし、親しい人びとをつぎつぎに浄土へ導いてくださるのです。ですから覚信坊とおなじ浄土の教えに帰依した私も、頼もしいことに思っているのです。また親子に生まれたことも、前世の契りであると言われているからには、覚信坊はあなたをこそ、まっさきに浄土へ導いてくださるでしょう。頼もしくお思いになってください。

この感慨ぶかさや尊さは、筆舌につくし難いものですから、ひとまずここで筆をとめます。どのようにすれば、私はこのことをお伝えすることができるのでしょうか。くわしくもっと申し上げたいと思ってはいるのです。私は間違ったことを書いたのではないかと恐れて、この手紙を聖人の御前で読みあげますと、聖人は、これ以上のものはない、結構であると仰せになりました。ことに、覚信坊のことを書いたくだりでは涙をお流しになりました。世にも感慨ぶかいことにお思いになったのです。

十月二十九日　　　　　　　　　　　　蓮位

慶信御坊へ

一五

お訊ねになった事柄は、かえすがえすも賞《め》でたい事柄です。まことの信心を得た人は、かならず仏になりたもう御身と成っておられるゆえに、如来に等しい人と経典に説かれているのです。弥勒はいまだ仏に成っておられないのですが、つぎの生ではかならずかならず仏に成られるので、弥勒をすでに弥勒仏と呼ぶのです。同じ意味で、真実信心を得た人を、如来と等しいと仰せられているのです。また承信房が、自分が弥勒と等しいと主張するのも、間違ったことではありません。しかし如来と等しいというのは、自力であるというのは、いますこし承信房《しょうしんぼう》の御こころの底に正しい領解がとどいていないからであると思われます。よくよくお考えになってください。

自力の心で、自分は如来と等しいと主張するのであれば、まったく間違った見解です。浄信房《じょうしんぼう》が他力の信心を頂戴されたゆえに、このように言って喜んでおられるのであれば、どうして自力であると批判できましょう。よくよくお考えになってください。ここに書いた事柄は、今上洛しておみえになった承信房などの人びとにくわしく話しておきました。承信房によくお訊ねになってください。かしく。

十月二十一日　　　　親　鸞

浄信御房御返事

一六

何よりも、聖教《しょうぎょう》の教えも知らず、また浄土宗のまことの根底の意味も知らないでいて、わけも分からないような勝手気ままなふるまいをし、心に恥じることもない人びとの中に、思いのままに悪事を振舞えと説く者がいるとのこと、かえすがえすもあってはならぬことです。北の郡《こおり》に住んでいた善乗房《ぜんじょうぼう》という者に、私がついに親しく交わろうとしなかったことを見ておられないのでしょうか。

私たちが煩悩具足の凡夫であるゆえ、何ごとも思いのままに為《な》してよいというのであれば、盗みもし、人を殺してもかまわぬというのでしょうか。もとは盗み心があったであろう人も、極楽を願い念仏をとなえるほどの心境になれば、もとの間違った心も思いなおすのが自然の道理でしょう。それを、このような慚愧《ざんき》の思いすらない人びとに、いかなる悪事を振舞おうと弥陀は救いたもうと説くのは、ゆめゆめあってはならぬことです。

私たちは煩悩に狂わされて、自分でも思いがけず、為すべきでないことを為し、言うべきでないことを言い、思うべきでないことを思ってしまうのではありませんか。救いの障害にならぬと言って、人のために腹ぐろいことを企て、為すべきでないことを為し、言うべきでないことを言うのは、もはや煩悩に狂わされたうえでの行ないではありません。為すべきでないことを故意に為すのは、かえすがえすあってはならぬことです。*鹿《か》嶋《しま》・*行方《なめかた》の人びとの悪事を説きいさめ、このあたりの人びとの、ことに間違った行ないを制止されてこそ、念仏行者たるの証《あかし》であると言えましょう。

ところが反対に、何ごともおのれの意のままに振舞えと説いておられるとのことです。浅ましいことです。この世の悪を捨て、浅ましいことをしないでいてこそ、世を厭い、念仏申すことではありませんか。念仏する人などが、つねづね他人のために悪事をはたらき、悪口を言っているとすれば、世を厭うしるしもありません。ですから善導《ぜんどう》の*至誠《しじょう》心《しん》の教えのなかに、悪を好む人をば、慎んで遠ざかれとこそ教えられてあるのです。いつ誰が、自分の持ちまえの悪心のままに振舞えとお説きになったというのでしょう。およそ経釈も知らず、如来のお言葉も知らぬ者に対して、ゆめゆめそのようなことをお説きになるはずはないのです。かしく。

十一月二十四日

親鸞

一七

他力のなかには、自力ということはあると聞いております。けれども、他力のなかにまた他力があるということは聞いておりません。他力のなかに自力があるということについていえば、浄土に往生したいと願って念仏以外の行をいろいろに修行することや、心を静めて一心不乱の念仏をしようと心がけている人びとが、他力のなかの自力の人びとなのです。他力のなかにまた他力があるということは、承わっておりません。何ごとも、専信房《せんしんぼう》がしばらく滞在されるということですから、そのときにお話しいたしましょう。かしく。銭二十貫文たしかに頂戴いたしました。かしく。

十一月二十五日

親鸞

一六

お訊ねになったことは、弥陀他力の廻向の誓願に遇《あ》いたてまつって、真実の信心を頂戴して喜ぶ心が定まるとき、摂取して捨てられないので、金剛心になるときを正定聚の位に住むとも言うのです。弥勒菩薩と同じ位になるとも説かれてあります。弥勒と同じ位になるので、信心まことなる人を、仏と等しいとも言うのです。またもろもろの仏たちが、私たちが真実信心を得て喜ぶのを、心からお喜びになって、そういう念仏行者たちは自分と等しい者であると、お説きになっているのです。『大無量寿経』のなかにある釈尊のみ言葉に、「見て敬い、得て大いに慶《よろこ》べば、すなわち私の善き親しい友である」とお喜びになっておられるからには、信心を得た人は諸仏と等しいと説かれてあるのです。また弥勒については、もはや確実に仏におなりになる身の上であるので、弥勒仏というのです。ですから、すでに他力の信を得た人をも、仏と等しいと言うのであると知られます。お疑いがあってはなりません。

御《おん》同行のなかに、臨終を期すると言っておられる方があるのは、まだ真実信心に達しておられないのです。信心がまことのものになっておられる方は、弥陀の誓願の利益にあずかり、摂取して捨てられないので、来迎・臨終をお待ちになる必要がないと思います。いまだ信心が定まっていない人は、臨終を期待し、来迎をもお待ちになればよいでしょう。このお手紙を書いた方の名が、随信房《ずいしんぼう》(弥陀の信心にしたがっている者)と名のられたならば良いのではないでしょうか。お手紙の主旨も賞でたいことです。なかでお報せになっている、御同行の見解が、真実信心に遠いのです。かしく。

十一月二十六日

親鸞

随信御房

一九

お手紙をたびたび差し上げたのですが、御覧になっておられないのでしょうか。何よりも、このたび*明法御房《みょうほうのおんぼう》が往生の本意を遂げられたことこそ、常陸《ひたち》の国中の、同じ志を抱いておられる方がたにとって、賞《め》でたいことであると思います。

往生にかんしては、私たち凡夫の分別を加えてするものではありません。秀れた智者ですら、分別できるものではないのです。どのような聖人であっても、何ごとも分別せず、いっさいを弥陀の願力《がんりき》にお任せしておられる事柄なのです。ましてや、あなた方のように格別の学識もなく、修行を積んだこともない人びとは、ただ弥陀のこの誓願があると聞いて、「南無阿弥陀仏」という念仏にお遇《あ》いになることこそが、賞でたく有難い果報《かほう》であるのです。とやかく分別することは、ゆめゆめあってはなりません。

以前お送りした*『唯信鈔《ゆいしんしょう》』や*『自力他力』などの文章によって、いま申したことをよくよく検討してください。こういう文章をお書きになった方がたこそ、この世にとっては善き人びとであるのです。この方がたはすでに往生を遂げられているのであるゆえ、これらの文章に書かれていることに勝るものは何もありません。法然上人のおん教えを、よくよく心得た人びとなのです。だからこそ、賞でたく往生をも遂げられたのです。

ところが、つねづね念仏をとなえている方がたのなかにも、自分のほしいままな意見をのみ主張しておられた人びとがかなりいました。今もきっとそうであると私は思います。明法房などが往生を遂げられたのも、もとはわけのわからぬ間違った見解を抱いておられた心を、ひるがえされたゆえの結果でありましょう。

自分は極楽往生できるのだからと言って、為すべきでないことを為し、思うべきでないことを思い、言うべきでないことを言うのは、あってはならぬことです。私たちは、貪欲《とんよく》の煩悩に狂わされて欲もおこり、瞋恚《しんい》の煩悩に狂わされて、嫉《ねた》む道理もないことを嫉む心も起こり、愚痴《ぐち》の煩悩に惑わされて、思うべきでないことも心に生じてくるのです。み仏の賞でたいおん誓いがあるからといって、故意に為すべきでないことを為し、思うべきでないことを思ったりするのは、よくよくこの世を厭うておられないのであり、おのれの悪を思い知っておられないのです。念仏に志もなく、み仏のおん誓いに一身をお任せする志もないので、こういう志では、つぎの生に極楽往生を遂げるのもむつかしいのではないでしょうか。

この主旨を、よくよく人びとにお聞かせになってください。このような厳しいことは言うべきではないとも思うのですが、あなたがたは、私と親しくしておいでですから、私も思い切って申しあげるのです。念仏の意味は、今ではあまりに多種多様なものに変わってしまいました。ですからとやかく言ってもしかたのないことなのでしょうが、亡き法然上人の教えをよくよく承わった方がたは、今ももとの教えを守って、異義をとなえることはないのです。このことはかくれもない事実ですから、あなたもお聞きになっていることと思います。

浄土宗の真意を、すべて取り違えておしまいになった方がたは、聖人のおん弟子であると言いながら、さまざまに主張を変えてしまって、わが身も惑わせ、人びとをも惑わしあわせているのです。浅ましいことです。この京でも、多くの念仏行者は惑わしあっているのです。まして田舎はと思えば、私はべつだん異様なことにも思わないのです。すべてを書きつくすことはできません。機会あればまたお手紙を差し上げましょう。

この明教房《みょうきょうぼう》がお上りになったこと、まことに有難いことに思います。明法房の御往生のことを、直接お話していただいたのも、嬉しいことでした。皆様からのお志の金品も、有り難く思いました。こんなにもさまざまな人びとが共に上京されたのは思いもかけずとても嬉しいことでした。この手紙を、誰にたいしても、同じ心で読み聞かせてあげてください。この手紙は、＊奥郡《おうぐん》においでになるすべての同朋に、見てもらってくださ い。かしく。

つね日ごろ、念仏して往生を希《ねが》うことのしるしは、もとの悪であった自分の心を思い返して、友や同朋にも懇切に信心をすすめあってこそ、世を厭うしるしでありましょう。

よくよくお心得になってください。

善知識を馬鹿にしたり、師を誹謗《ひぼう》する者を謗法《ぼうほう》の者と言うのです。親を謗《そし》る者を五逆の者と言うのです。こういう者たちと同座してはならぬと言われております。ですから私は、*北の郡にいた善乗房《ぜんじょうぼう》は親を罵《ののし》り、私をさまざまに謗ったので、近づいて親しくしようと思わず、近づけることもなかったのでした。明法御房の往生のことを聞きながら、その意思を受けつごうとしない人びとは、明法房の同朋ではありません。無明《むみょう》の酒に酔う人に、いよいよ酔いをすすめ、ながらく三毒を好み喰らう人びとに、いよいよ毒を許可して好めと言いおうておられるのは、不憫《ふびん》のことに思います。無明の酒に酔っていることを悲しみながらも、三毒を好み喰ろうて、いまだ毒も失《う》せはてず、無明の酔いもまださめていないのが、私たちおたがいの姿なのです。よくよくお心得になってください。

三

方々の御同行から送っていただいたお志のもの、すべてたしかに頂戴しました。明《みょう》教房《きょうぼう》がお上りになったこと、有り難いことに思います。皆様のお志のものにたいしては、言うに言われぬ気持です。明法御房の往生のこと、このお方のつね日ごろを知っておれば不思議ではありませんが、かえすがえすも嬉しいことに思います。鹿嶋《かしま》・行方《なめかた》・奥郡《おうぐん》に住む、このような往生を遂げたいと希《ねが》っておられる方がたの、すべての喜びであるでしょう。また平塚《ひらつか》の入道殿の御往生の姿を伺ったことこそ、かえすがえす、いくら喜びを述べても言いつくせない気持がいたします。賞《め》でたさは言いつくせないほどのものです。皆様、同じ往生を遂げられるものとお思いになってください。

しかしながら、往生を希うておられる方がたのなかにも、間違った心得を抱いておられる方がありました。今も同様であると私は思います。京にもまことの心得がなく、さまざまに惑わしおうている人びとがいるのです。国々にも大勢おいでになると聞いております。法然上人の御弟子のなかにも、そのうえ自分らはたいした学者であると認めあっている人びとのなかにも、法然上人がお亡くなりになってしまった今の時には、みんなさまざまに教えの文章を曲解して、自分も惑い、人をも惑わして、苦しめあっている人がいるのです。まして聖教の教えを読みも知りもしない、一般の信者のなかには、何をしても往生の障害にならないと教わって、悪い心得を抱いておられる方がたが大勢おいでになりました。今もそうであると私は思うのです。

浄土の教えも知らぬ信見房《しんけんぼう》などが説くことを聞いて、いよいよ間違った信心を抱くようになっていると、お伺いしたことこそ浅ましいことに思うのです。私たちはみんな、過去世においては、弥陀の誓いを知らなければ、南無阿弥陀仏とも言わずにいたのです。それが釈迦・弥陀お二方の救いの手段にうながされて、今も弥陀の誓いをも、ようやく聞きはじめた身になったのです。もとは無明の酒に酔いふして、貪欲《とんよく》・瞋恚《しんい》・愚痴《ぐち》の三毒を好んで飲みこんでいたのが、み仏の誓いを聞きはじめてから、無明の酔《え》いもようやくすこしずつさめ、三毒もすこしずつ好まなくなって、阿弥陀仏の薬をつねに好んで頂戴する身となったのではありませんか。

しかるに、いまだなお酔いがさめきっていないのに、重ねて酔いをすすめ、毒が消えきっていないのに、なお毒をすすめているということこそ、浅ましいことに思うのです。煩悩具足の身であるからと言って、我意のままに、身にも為すべきでないことを許し、口にも言うべきでないことを許し、心にも思うべきでないことをも許して、何ごとであれ、我意のままに振舞っていてよいと言いあっておられるということこそ、かえすがえすも不憫《ふびん》なことに思うのです。これは酔いもさめぬ前に、なお酒をすすめ、毒も消えきっていないのに、いよいよ毒をすすめるのと同じです。薬があるからといって、毒を好めと言うのは、あるべきでないことと思います。

ながらく仏のみ名をも聞き、念仏をとなえつづけてきた人は、この世の悪を厭う姿や、わが身の悪を厭うて捨てようと思う姿があってこそ、当然であると私は思うのです。はじめて仏の誓いを聞いた人びとは、わが身の悪や心の悪を思い知って、こんな身ではどうして往生できようと反省するでしょう。そういう人びとにむかってこそ、煩悩具足の身であるからには、自身の心の善悪をば問題とせず、弥陀はお迎えになるのであると説くべきなのです。このように教わったあとで、仏を信じようと思う心がしだいに深くなっていけば、まことにこの人身をも厭い、生々流転することも悲しむようになり、ますます深く誓いを信じ、阿弥陀仏を尊ぶようになります。そういう人びとは、もとの心のままで悪事を振舞うはずがないと、思いあうようになられてこそ、世を厭う姿であるのです。

また往生の信心は、釈迦・弥陀のおすすめによって起こるとこそ説かれてあるのですから、煩悩具足の身でも真実の信心が起これば、どうして以前の心のままであるはずがあるでしょう。あなたの周囲の人びとのなかにも、少しは間違った信心を抱いている方がおいでになると聞いております。師を謗ったり、善知識《ぜんちしき》をかろしめたり、同行をも嘲《あざけ》ったりしあっておられるということを聞くにつけても、浅ましいことに思うのです。こういう人びとはすでに謗法の人です。五逆の人です。馴れ親しんではなりません。

『*浄土論』という文章では、こういう人は仏法を信じる心がないので、かような悪心が生じるのであると説かれています。また善導大師がお説きになった至誠心《しじょうしん》のなかには、このように悪を好む人びとにたいしては、慎んで遠ざかれ、近づいてはならぬと説かれてあるのです。善知識・同行には親しみ近づけと説きおいてくだされているのです。悪を好む人に近づいたりするのは、私たちが浄土へ参って仏になったあとです。衆生利益《しゅじょうりやく》のためにこの世へ帰ってきたあとでこそ、こういう罪人たちにも親しみ近づくということができうるのです。それも自分の分別ではなく、弥陀の誓いによって助けられてこそ、思いのままにふるまうこともできるのです。

いまの私たちのような身では、どのようにするのがよいのでしょう。よくよくお考えになってくだささい。往生の金剛心が起こるのは、仏の御《おん》はからいによって起こるのであれば、金剛心を頂戴された人びとは、よもや師を謗ったり、善知識を嘲ったりすることなど、あるはずはないと私は思うのです。この手紙を鹿嶋でも行方《なめかた》でも＊南《みなみ》の庄《しょう》でも、いずこでも同じ志を抱いている人びとには、同じ心で読み聞かせてあげてください。かしく。

建長四年(一二五二)二月二十四日

二

私たちが安楽浄土にはいれば、大涅槃を悟るとも、無上覚《むじょうがく》を悟るとも、また滅度にいたるとも言われております。これらは名前こそ別ですが、すべて私たちが法身《ほっしん》といわれる仏の悟りをひらくことができるよう、阿弥陀仏がおん誓いになったのを、法蔵菩薩が私たちに廻向してくださっていることを言うのです。これを往相《おうそう》の廻向と言います。この廻向してくださされている願を、念仏往生の願と言うのです。この念仏往生の願をひたすら信じて、二心《ふたごころ》がないことを、一向専修《せんじゅ》と言うのです。如来二種の廻向というのは、この二種の廻向の願を信じて、二心がないのを、真実の信心と言うのです。この真実の信心が起こるのは、釈迦・弥陀の二尊の御はからいによって起こったのであると知ってください。かしく。

三

『宝号経《ほうごうきょう》』には、弥陀の本願は行ではなく、まして善行ではなく、ただ仏名を保つことであると説かれてあります。名号そのものが善であり行であるのです。行というのは、善行をすることについて言う言葉です。本願はもともと仏の御約束と心得たなら、私たち人間の善でもなく行でもありません。それゆえに他力と言うのです。本願の名号は、私たちがみずから往生する原因です。これを能生《のうしょう》の因というのですが、これは私たちの父です。また大悲の光明は、私たちを浄土に往生せしめる間接の原因です。これを所生《しょしょう》の縁と言うのですが、これが私たちの母です。

親鸞聖人御消息集

しんらんしょうにんごしょうそくしゅう

略して「御消息集」と呼ぶ。宗祖の書簡を集めたもの。編者を明らかにしないが、慈信房善鸞が異議を主張して、父親鸞から義絶されるに至った事件の経緯に関する書簡を数多く収めていることから考えると、恐らくは常陸（或は下野）居住の宗祖直弟が、善鸞等によって惑乱された信仰を正そうとして、本集を編したものであろう。

現存する古写本では、鎌倉時代末と見られる桑子（愛知県）妙源寺蔵の断簡四十八葉が最も古い。現在流布されている本はいわゆる略本である。これは原本（即ち広本）から『末灯鈔』と共通な八通を省いたものと見られ、『末灯鈔』の盛行に影響されて、室町時代末期又は江戸時代初期に成立したものらしい。

一

如来の御本願がひろまっていくことは、何にもまして、かえすがえす賞《め》でたく嬉しく思います。それについてですが、法を説く皆様が諸方で、自分の意見こそ正しいと思って争うことは、ゆめゆめあってはならぬことです。

この都でも、一念多念などという争いが数多くあるようですが、こんなことはあってはならないのです。要するに『唯信鈔』・『*後世《こせ》物語』・『自力他力』、これらの御文章をつねによくよく御覧になって、その文意に違《たが》わないようにいてください。いずこの人びとにも、この主旨をお伝えください。なおご不審の点があれば、私が生きておりますかぎり、遠慮なくこちらへお訊ねになってください。

鹿嶋や行方《なめかた》や、その近辺の人びとにも、この主旨をよくよくお伝えください。一念多念の争いなどのように、意味のないこと、論争のための論争のみを言いあっておられるのは、よくよく慎むべきことです。かしく。こういうことを心得ぬ人びとは、無意味なことを言いあっておられるのです。よくよく慎んでください。くれぐれも申し上げます。

二月三日

親鸞

二

六月一日付のお手紙、くわしく拝読しました。それについては、鎌倉*でのお訴えの内容は、おおよそ承わっておりました。このお手紙と同様のことを聞いておりましたので、もはや間違いはないと思っておりましたところ、ご帰国になったとのこと嬉しく思います。この訴訟の内容は、およそあなた一人のことにかかわるものではありません。すべての浄土の念仏者にかかわることです。

事柄は、亡き法然上人がおいでになったときに、私どもがさまざまに言いたてられたことと同じです。別に新しい訴訟ということもないのです。性信房《しょうしんぼう》殿一人が訴え出ればよいという問題ではありません。念仏申す人びとは、みんな同じ気持ちで受けとめるべきなのです。それを、わざと事をかまえると言って、かえって嘲笑するのはまったく間違ったことです。

念仏者が他宗より批判されていることの意味をわきまえず、念仏を禁止せよと訴えられたのは、性信坊殿の責任であるときめつけられたのは、まったくの間違いです。念仏をとなえる人は、性信坊殿の味方になってこそ当然でしょう。母上、姉上、妹御などがさまざまに言って性信房をとめられたのは、昔からよくあることなのです。だからと言って、幕府が念仏を制止され、この世に凶事が起こったことを思いあわせたうえでも、念仏を深く頼んで、よく祈りに心を入れて、ともに念仏となえていただきたいと思います。

お手紙の様子では、陳述書のいちいちはもっともであり、誠によくなさいました。嬉しく思います。つまるところ、あなただけではなく、念仏申す人びとは、もはや自分の往生は考える必要はなく、朝家《ちょうけ》の御ため、国民《くにたみ》のために念仏となえあわせられれば、賞《め》でたいことに思います。自分の往生が心配である人は、まず自分の往生のために、念仏申されればよいでしょう。ご自身の往生が決定しているとお思いの人は、仏の御恩をお思いになって、報恩の心を念仏に入れてとなえ、世の中安穏《あんのん》なれ、仏法ひろまれとお思いになるべきであると私は考えます。よくよくお考えになってください。

それ以外に、格別のお考えが必要であるとは思いません。それにつけても、早くご帰国になったとのこと、くれぐれも嬉しく思います。よくよく心にかけて、往生間違いな

し と思い定めておられるからには、仏の御恩をお思いになれば、間違ったことの生じるはずはありません。御念仏を心に入れてとなえていただきたく思います。かしく。

七月九日　親鸞

性信の御坊

三

護念坊《ごねんぼう》からの便りによれば、教忍御坊《きょうにんごぼう》から銭《ぜに》二百文の御志をいただいたとのこと。さきには念仏の勧進のものを御一同からとして、たしかに頂戴いたしました。皆みな様に私の喜びをお伝えください。この返事を、皆様にお伝えください。

ついてはこのたびのお訊ねは、まことに適切なご質問であると思います。まず、一度の念仏によって、往生の業因《ごういん》は十分であると仰せられているのは、まことに当然のことであると思います。だからと言ってしかし、一度以上に念仏をとなえるべきでないと言うのではありません。その意味は『唯信鈔』にくわしく説かれてあります。よくよく御覧になってください。

一度の念仏以上の、余っているところの念仏は、全宇宙の衆生に廻向するべきであると仰せになったのも、正しいことであると私は思います。全宇宙の衆生に廻向するからと言って、二度三度と念仏するのは往生の障害になるとお思いになっているとすれば、それは間違いでしょう。念仏往生の本願であるとこそ説かれてある以上は、数多くとなえようが一度だけとなえようが、往生するのであると私は承わっております。一度の念仏でかならず往生するからと言って、数多くとなえれば往生しないなどという主張は、ゆめゆめあってはならぬことです。『唯信鈔』をよくよく御覧になってください。

また有念・無念というのは、他力の法文《ほうもん》では説かれていないことです。聖道門のほうで説かれることです。すべて自力聖道の法文なのです。阿弥陀仏の選択された念仏往生の本願は、有念でもなく、無念でもないと言われているのです。これ以外の意見をどのような人が主張しようと、けっして同意されてはなりません。聖道のほうで説かれているることを、間違って聞いて、浄土宗のほうで説いているのです。どうかどうか、けっして同意しないでください。

また慶喜《きょうき》というのは、他力の信心を得て、往生を決定して喜ぶ心を言うのです。常陸《ひたち》の国中の念仏者のなかに、有念・無念の念仏の論議が行なわれているというのは、間違ったことであると私は申しました。ただ私が思いますのに、他力ということの意味は、行者の分別ではないということを、有念でもなく、無念でもないという言い方で言われているのです。それを誤解して、有念・無念などという論議がなされるのだと私は思います。

弥陀の選択された念仏往生の願による往生は、行者の分別の何らかかわる事柄でないゆえに、ひとえに他力と言うのです。一度の念仏こそがよい、数多《あまた》の念仏こそがよいなどと言いあうことは、けっしてあってはなりません。くりかえし申しますが、一度以上の余っている念仏を、全宇宙の衆生に廻向するというご意見は、釈迦・弥陀仏の御恩にお報いしようとして、全宇宙の衆生に廻向するという意味であれば、正しいと思います。しかし二度三度と念仏して往生する人が、間違っていると言うべきではないのです。よくよく『唯信鈔』を御覧になってください。弥陀は念仏する者を往生させようとおん誓いになったのですから、一度の念仏でも、十度の念仏でも、往生は間違いないのであるとお思いになってください。かしく。

十二月二十六日

親　鸞

教忍御坊御返事

四

まず最初に、ひとえに阿弥陀仏に帰依するからと言って、他の数多《あまた》の仏・菩薩を軽んじたり、天神《てんじん》・地祇《ちぎ》や冥界《みょうかい》に住む鬼神《おにがみ》たちを嘲《あなど》って尊ばないということ、これはけっしてあってはならぬことです。私たちはこれまで生々流転してきたあいだに、無数の仏・菩薩の利益《りやく》を授かって、さまざまな善を修行したのですが、自力によっては生死《しょうじ》を離れることができず、今の世にも人間として生まれでているのです。

これまで無限に生死をくりかえしてきたあいだ、私たちはつねに諸仏・菩薩の御すすめを受けつづけてきたゆえに、今、会いがたい弥陀のおん誓いに会うことができたのです。その御恩を知らないで、数多の仏・菩薩をないがしろにするのは、深い御恩を知らないのです。また天地においでになる万《よろず》の神は、仏法を深く信じる人を、影が形に添うようにして、譲ってくださっているのです。ですから、念仏を信じた身が、天地の神を捨ててしまおうと思うのは、けっしてあってはならぬことです。天神・地祇などさえも念仏者をお捨てにならないのです。ましてや、万《よろず》の仏・菩薩をどうして嘲ったり、おろそかに思ったりすることができましょう。

万の仏をおろそかにするのは、念仏を信ぜず弥陀のみ名をとなえぬ人がすることでしょう。私が思いますのに、各地の領家《りょうけ》・地頭《じとう》・名主《みょうしゅ》などが念仏を停止しようと計って、念仏の人びとに、こういう嘘や偏見を説いておられるのです。これは意味があることです。その理由は、釈迦如来のみ言葉に、念仏する人を謗るものを「名無眼人《みょうむげんにん》」と説き、「名無耳人《みょうむににん》」と仰せおかれているからです。また善導和尚《ぜんどうかしょう》は、「五濁《ごじょく》が増す末法の世には、仏法を疑い謗る者が多い。僧俗が嫌いあって教えを聞こうとせず、修行する者を見ては、瞋《いか》りや毒念を起こし、教えを破壊して、競って怨念を生じるであろう」（『法事讃』*）と説いておられるのです。念仏行者が住む国々の、領家・地頭・名主たちが念仏を妨害しようとするのは、この世のならいであって、意味のあることなのです。とやかく申すべきことではありません。念仏する人びとは、こういう妨害をしようとする人びとをかえって憐れみ、不憫《ふびん》に思い、ねんごろに念仏申して、妨害する人をも、弥陀の助けの手にゆだねるべきであると、古人はお説きになっているのです。よくよくお調べになってください。

つぎに、念仏をおとなえになる人びとが、弥陀のおん誓いは煩悩具足の人のためであると信じておられるのは、賞《め》でたいことであると思います。ただし、弥陀のおん誓いが悪人のためであるからと言って、ことさらに悪事を心に思ったり、口で語ったり、体で行なうべきであるとは、浄土宗で説くことではありません。ですから、人びとにも説いてはならないのです。

およそ煩悩具足の身であるからには、心を清らかに整えることなどできません。しかし、乱れた心のままでも、疑いなく往生するのであると思うべきであると、師も善知識も説いておられるのです。このような悪人であるからには、ことさらに悪事を好んで、念仏する人びとの障害となり、師のためにも善知識のためにも、政道から罪咎《つみとが》を受けさせるべきであるとは、断じて説かれていないのです。会いがたい身が弥陀のおん誓いに会い、仏恩に御報いしようとこそ思うべきであるのに、幕府より念仏を停止するとの沙汰がくだったとのこと、かえすがえすも心得がたいことです。浅ましいことに思います。皆様が間違った心得を抱いておられたゆえに、あるはずもないことが幕府に聞こえたのです。言うべき言葉もありません。

ただし、念仏行者が、もし間違ったことを説いたとすれば、その人、一人だけが地獄に堕ちたり、天魔《てんま》となったりするはずです。すべての念仏者の罪咎になるとは思わないのです。よくよくお考えになってください。なおなお念仏申される人びとは、この手紙をよくよく御覧になって、意味をお悟りください。かしく。

九月二日

親鸞

念仏の人々の御中へ

五

あなたに手紙を書き送ります。この手紙を人びとにも読み聞かせてください。遠江《とうとうみ》の尼御前《あまごぜん》が心をこめてとりはからってくださるとのこと、くれぐれも賞《め》でたく有り難いことに思います。京から喜んでいる由を、よくよく伝えてください。

信願坊《しんがんぼう》の説いていることは、かえすがえす不憫《ふびん》のことです。私たちがもともと悪人であるからと言って、ことさらに間違ったことを好み、師のため善知識のために悪い評判をたて、念仏の人びとのために罪咎を受ける結果を生むことになることを知らなければ、それは仏恩を知らないことです。よくよく善処してください。また乱心して死んだ人びとを例にとって、信願坊の振舞いの善悪を言うべきではありません。念仏する人が死んでいく場合に、体の病いで死んでいく人が、往生できるかできないかを論議するべきではないのです。心より病いを発して死んでいく人が、天魔ともなり、地獄に堕ちることにもなるのです。心より発する病いと、身より発する病いとは別ものなので、心より発して死ぬ人のことを、よくよくお考えになってあげてください。

あなたは信願坊の言い分として、凡夫のことであれば、悪事をするのが本当である、だから思うべきでないことを好み、するべきでないことを為し、口にも言うべきでないことを言うべきであると、伝えていますが、私にはそれが信願坊の言い分とは思われません。往生に障害がないからと言って、間違ったことを好むべきであると、私が教えたことはありません。かえすがえすも私には心得がたいことです。

要するに、間違った意見を説く人は、その身一人はどうなっても仕方がないと思います。その者のために、すべての念仏者が妨害を受けるのは心得がたいことです。また念仏を停止する人は、そういう間違った意見の持主だけを、どうにも処分するべきであると思います。すべての念仏者の罪咎となることは、あってはならないと思います。「五《ご》濁増時多疑謗《じょくぞうじたぎぼう》　道俗相嫌不用聞《どうぞくそうけんふゆうもん》　見有修行起瞋毒《けんうしゅぎょうきしんどく》　方便破壊競生怨《ほうべんはえきょうしょうおん》」と善導和尚の明らかなる教えがあります。釈迦如来は「名無眼人《みょうむげんにん》　名無耳人《みょうむにん》」と説きおいてくだされているのです。こういう人びとによって、念仏が停止せしめられたり、念仏者が憎まれたりするのでしょう。それはしかし、こういう迫害者を憎まないで、みんなで念仏となえて助けてあげるべきであると、釈迦如来も善導和尚も説いておられるのであると私は思います。かしく。

九月二日　　親鸞

*慈信坊への御返事

*入信坊《にゅうしんぼう》・*真浄坊《しんじょうぼう》・法信坊《ほうしんぼう》にもこの手紙を読み聞かせてあげてください。かえすがえ

す気の毒なことに思います。性信坊にはこの春、上ってこられたときに、よくよくお話しました。くげ殿にも、よくよく喜びをお伝えください。この人びとが間違ったことを言いあっておられるからと言って、道理を失っておられると私は思いません。世間の事柄にも、そういうことがあるでしょう。領家・地頭・名主が間違ったことをするからと言って、これらの人びとが百姓を惑わすことはないものです。仏法を破れる人はありません。仏法者が教えを破るたとえとして、「獅子《しし》身中《しんちゅう》の虫がその肉を喰らうがごとし」とあるからには、念仏者を仏法者が破り妨げることになるのです。よくよくお考えになってください。こういうこと、手紙ではとても書きつくせません。

六

九月二十七日のお手紙、くわしく拝読しました。ついては御志納の銭《ぜに》五貫文、十一月九日に頂戴しました。

また田舎《いなか》の人びとが年来、念仏となえてきたのは、すべて無駄なことであったと、方方で人びとが言いたてているのは、かえすがえす不憫《ふびん》なことに思います。皆様にさまざまな法文《ほうもん》を書き写してお送りいたしましたのに、どのように読んでこられたのでしょう。かえすがえすも心もとないことに思うのです。

慈信坊がそちらへ下って、自分が教わった法文こそ正しい、それまでの念仏はすべていたずらごとであったと説いたため、*おおぶの中太郎方の道場に集まっていた九十何人とかが、すべて慈信坊のほうへ移り、中太郎入道を捨てたとか聞いています。どうしてこんなことになってしまったのでしょう。要するに、信心が定まっていなかったからであると聞いています。どういうわけで、これほど多くの人びとが動揺したのか、不憫《ふびん》のようであると聞いております。

また、こういうさまざまな風聞があるからには、虚報もたくさん含まれていることでしょう。なかにはまた、親鸞も依怙贔屓《えこひいき》するという噂があるからには、これまで私が力をこめて『唯信鈔』・『後世物語』・『自力他力』の文章の意味や、二河の比喩の説明などを書いて、諸方の人びとに下げ渡したのも、すべて嘘いつわりになってしまったと伝えられています。あなたはどういう教えを説いているのでしょう。思いがけぬ教えであると報《しら》されてくることこそ、不憫なことに思います。くわしくお知らせください。かしく。

十一月九日

親鸞

慈信御坊

真仏坊《しんぶつぼう》・性信坊《しょうしんぼう》・入信坊《にゅうしんぼう》、この人びとのことを承わりました。かえすがえす悲しいことに思いますが、私の力のおよぶことではありません。またこの他の人びとが、信心を同じくしていないということも、私の力のおよぶことではありません。人びとが同じ信心を抱かなくなってしまえば、とやかく申すこともできません。今は他人のことを言うべきではないのです。よくよくお心得になってください。

親鸞

慈信御坊

七

ついては念仏にかかわる問題で、居づらい思いをしておられると承わっております。かえすがえす心苦しいことに思います。要するに、その土地の縁《えん》がつきてしまったのであると思うのです。念仏が抑圧されるなどということを、とにもかくにもお歎きになってはなりません。念仏を停止する人こそ、さまざまな悪報があるのです。念仏申される人びとに、どんな苦しいことがあるというのでしょう。念仏者以外の人びとを頼って、念仏をひろめようと計画しあうことは、ゆめゆめあってはなりません。その土地に念仏がひろまるというのも、すべてみ仏の御《おん》はからいによるものなのです。

慈信坊がさまざまに異説をとなえたため、人びとの心がさまざまに変わってしまったみ仏の御はからいにお任せになってください。とにもかくにも、み仏の御はからいにお任せになってください。今おいでの土地の仏縁がつきてしまったのであれば、どこにでもお移りになって念仏となえるよう計画してください。皆様が、慈信坊が申したことを信頼して、これからは念仏者以外の人を強く頼んで、念仏をひろめようとしておられると言いますが、私はそのようなことを、ゆめだに教えたことはありません。これは誤解のきわみです。念仏が妨害されるのはこの世のならいであり、かねてより仏が説いておかれたことですから、お驚きになってはいけません。慈信坊がさまざまに申すことを、私が言ったことであるとお思いになること、ゆめゆめあってはありません。慈信坊は法門の内容についても、あらぬことを申したてているのです。お耳に入れないでください。間違いのきわみを教えていると伝えられています。浅ましいことです。

入信坊なども不憫に思います。鎌倉にながらく滞在しているとか、不憫です。ほかにどうすることもできず、鎌倉で苦労しているのでしょうが、私の力のおよばないことです。奥郡《おうぐん》の人びとがすべて慈信坊にだまされて、浅はかな信心に変わってしまったとのこと、かえすがえすも憐れに悲しいことに思います。このことに関しても、私がこれまで人びとをだましていたのであるという噂がたっているとのこと、かえすがえすも浅ましいことに思います。これも、人びとのつね日ごろの信心が、定まっていなかったこととの現われであると聞いております。かえすがえすも不憫なことです。

慈信坊が説くことによって、人びとのつね日ごろの信心が動揺しあっているのも、つまるところは、人びとの信心がまことではなかったことの現われであり、善いことです。しかしそれを人びとが、私が説いたことによって動揺したのであると思いあっておられるのは、浅ましいことです。つね日ごろ、さまざまな御文《おふみ》を書き写してお送りしていましたが、甲斐もないことであったと思います。『唯信鈔』その他の御文は、今は無用になってしまったと思われます。心をこめて書き与えた法門は、みんな無用になってしまったと思われます。誰もが慈信坊にしたがってしまい、すぐれた御文章はこぞって捨ててしまったと聞くことこそ、むなしく情なくも思います。よくよく『唯信鈔』・『後世物語』などを御覧になってください。年来、自分には信心があると言いあっておられた人びとが、みんな嘘いつわりであったと聞いております。浅ましいことです、浅ましいことです。何ごとも何ごとも、またくりかえしお話いたしましょう。

正月九日

親　鸞

真浄御坊

八

国へお下りになったあと、何か変わったことはあったでしょうか。お国の源藤四郎殿《げんとうしろう》に思いがけずお会いできました。嬉しくも持ち帰ってくださるということですので、お手紙を差し上げます。その後、何かあったのでしょうか。念仏の訴訟のこと、落着《らくちゃく》したとのこと、皆様より承わって嬉しく思っております。今後は念仏もよくひろまることであろうと喜んでおります。

それにつけても、あなたの往生はいまや決定しているのです。念仏を御《おん》こころに入れ、つねにおとなえになって、念仏を誹謗する人びとの、この世や後の世までのことを、いっしょに祈ってあげていただきたく思います。あなた自身については、念仏はもはや不必要でありましょう。ただ、間違ったこの世の人びとのことを祈って、弥陀のおん誓いに帰依するようお思いになれば、仏の御恩にお報いすることになるでしょう。よくよく御こころに入れて、念仏となえあってください。法然上人の二十五日の*忌日のお念仏も、つまるところは、こういう邪見の者を助けようがために、となえあう念仏であると言われているからには、念仏を誹謗する人が助かるよう、よくよくお思いになって、念仏となえあっていただきたいのです。

すべては、これまでのお手紙で申し上げたことです。源藤四郎殿のご訪問が嬉しいので、同じことを申し上げた次第です。かしく。入西《にゅうさい》の御坊《おんぼう》のほうへもお手紙を差し上げたいのですが、同じことですから、この主旨をお伝えください。かしく。

親鸞

性信御坊へ

九

みなみなさまが、阿弥陀仏にはどうして十二もの別名があるのかと話し合っておられるとのことです。それについて書き送ることにします。くわしくお書きする必要もないと思います。簡単にお書きします。要するにあまたのみ名のうち、*無礙光仏と申しまいらせるのを根本としていただきたく思います。無礙光仏というのは、すべてのもののあさましいことや悪いことを、なんの障りもなくお助けくださるために、無礙光仏と言うのであるとお知らせになってください。かしく。

十月二十一日

親鸞

唯*信御坊御返事

10

弥陀の第十七願を諸仏称名（もろもろの仏が弥陀の名をたたえる）の願と言い、また諸仏咨嗟（もろもろの仏がほめたたえる）の願とも言うのは、全宇宙の衆生に念仏をすすめようがためであると聞いております。また全宇宙の衆生の疑い心を制止しようとするためであるとも聞いております。『阿弥陀経』に書かれてある、全宇宙の仏たちが誠意をもって証明するという言葉と等しいと聞いております。要するにこの願は、衆生を導く、救いの手だてとしてのご誓願であると信じられればよいでしょう。第十八の念仏往生の願が、阿弥陀仏がこの世に差しむけたもう正しい修行と、往生浄土の原因を示してくだされていると説かれています。まことの信心をそなえた人は等正覚の弥勒と等しいので、如来と等しいともみ仏たちが賞讃されたのであると、私は聞いております。また、弥陀の本願を信じたうえは、義がないことを義とするのであると、大師法然上人は仰せられたのです。お手紙にあるように、念仏の意味を考えておられるかぎりは、他力ではなく自力であると、私は聞いているのです。また、他力というのは、仏智が私たちの思議を超えたものであって、それによって私たち煩悩具足の凡夫が、無上覚の悟りを得させていただくというのは、弥陀・釈尊というおふた方のみ仏のおんはからいだけのことなのです。念仏をとなえる私たちのはからいでは、何らないのです。それゆえに、義なきを義とすると言われるのです。義というのは、自力の人のはからいを言うのです。ですから、他力の念仏においては義なきを義とするというのです。お手紙に書かれている人たちの主張は、なんらご存知がない主張なので、とやかく言う必要もないと思います。また「来《らい》」の字は、弥陀が衆生利益のためにはお越しになるという意味です。これはすべての人びとを救うための手段としての働きなのです。悟りを開いたあとでは、還るというのです。ときによって、来るとも還るともいうのであると説かれてあります。なにごともなにごとも、別の機会に申しあげたく思います。

二月二十五日

親　鸞

慶*西御坊御返事

御消息集

ごしょうそくしゅう

原本を専修寺に蔵する。その表紙に「釈善性」、包紙に「御消息集一冊飯沼善性筆」とあって、飯沼の善性が編集したと見られているが、異論もある。ちなみに、善性は光薗院所蔵の『交名帳』によれば「フウキダ」（蕗田、飯沼の北部。今の茨城県結城郡安静村にあたる）の住であり、弘安三年（一二八〇）十月の大谷敷地寄進状には、彼の息智光の名が見える（当時すでに死去か）。

一　『末灯鈔』第十四通と同文

二　『末灯鈔』第七・第二十一通と同文

三　蓮位添状と同文

四　『末灯鈔』第十三通と同文

五　『末灯鈔』第三通と同文

六　『末灯鈔』第四通と同文

七

（専信上書）

一つ。ある人が、私たちの極楽往生が定まるのは、一念の信心が起きるときであり、それは阿弥陀仏のいかなる者も照らしたもう光明に照らされて護られることであるゆえ、信心はすべて同一であると言います。

それゆえになんの不審もなく、またそれゆえに、信じる信じないを論じたり、詮索するべきではないと言うのです。だからこそ、他力なのである。義のないなかの義である。私たちが弥陀の光明に受け入れられないのは、無明なる煩悩に覆われているからだと言うのです。この意見はいかがでしょうか。つつしんでお尋ね申しあげます。

十一月一日　　専信

お尋ねになっている往生浄土の原因については、私たちが真実信心を頂戴すれば、阿弥陀仏が必ず受け入れ、お捨てにならないと思えば、私たちは必ず必ず如来の誓願のなかに住むのであると、悲願に説かれてあります。「設我得仏《せつがとくぶつ》、国中人天《こくちゅうにんでん》、不住定聚《ふじゅじょうじゅ》、必《ひっ》至滅度者《しめつどしゃ》、不取正覚《ふしゅしょうがく》（たとえ私が仏になれるとしても、もしも私がつくった国に住む人間や天人が、正定聚の位につかず、必ず滅度にいたらなければ、私は仏にならない）」とお誓いになっておられます。信心の人は正定聚の位に住むと思し召されれば、それは行者のはからいによるものではないゆえに、義なきを義とすることを他力と言うのです。自分は善人であるとも悪人であるとも、浄であるとも穢であるとも、なんのはからいもない身とおなりになってこそ、義なきを義とすると言うことなのです。阿弥陀仏は十七の願では、もろもろの仏にすべて私の名をたたえせしめようとお誓いになり、第十八の願では、衆生の信心がまことであり、しかも浄土に生まれなければ、私は仏にならないと誓っておられるのです。この十七・十八の悲願がすべて真実であれば、正定聚の願は無意味であると言うのでしょうか。信心の人は補処《ふしょ》の弥勒と同じ位におなりになるゆえに、「受け入れて捨てぬ」と定められてあるのです。それゆえに、他力というのは、私たち念仏行者のはからいは、塵ほどもいらぬということになるのです。それゆえにこそ義なきが義であると言うのです。このほかに申しあげたいことはなにもありません。ひたすら仏にまかせられよと言うのが、大師法然上人のみ言葉です。

十一月十八日　　　　　　　　　　　　　　　　親　鸞

専信御坊御報せ

弥陀の本願信ずべし*
本願信ずるひとはみな
摂取不捨の利益にて
無上覚をばさとるなり

願*力成就の報土には
自力の心行いたらねば
大小聖人みなながら
如来の弘誓に乗ずなり

親鸞聖人血脈文集

しんらんしょうにんけつみゃくもんじゅう

本集はその編者をつまびらかにしないが、性信の門下（横曽根門徒）の手になったもののようである。それは、即ち「血脈」の字が意味するように、源空・親鸞と伝えられた浄土真宗の正統が性信に継がれたことを主張するもののようであり、消息全五通の中、四通までが性信に関するものであること、また、宗祖の越後配流の記録、『教行信証』後序の抜粋、及び性信の申し預る本尊の銘文を掲げていることなどから推察されよう。

一　『末灯鈔』第二通と同文

二

幾度《いくたび》かいただきましたお手紙、くわしく拝見しました。ついては慈信が説いた教えのために、常陸《ひたち》・下野《しもつけ》の人びとの念仏申しておられる姿が、年来聞いていた姿とは、すべて一変してしまったと聞きました。かえすがえす心憂く、浅ましく思います。年来、自分の往生は定まっていると言っておられた人びとが、みんな慈信と同様に虚言を言うようになったのを知って、今まで深く信頼していたことを、かえすがえす浅ましいことに思うのです。

その理由は、往生の信心というのは、一瞬たりとも疑うことがないのを、往生一定であると思うのです。光明寺《こうみょうじ》の和尚《かしょう》が信心の意味を教えておられるのを読めば、まことの信が定まったあとは、弥陀に似た仏や釈迦に似た仏が空に満ちみちて、釈迦の教えや弥陀の本願は嘘いつわりであるとたとえ仰せられても、一瞬たりとも疑うことがあってはならぬと説かれてあるのです。私は年来、この主旨をこそ説き聞かせてきたのです。それが、慈信がごとき者の言うことを真《ま》にうけて、常陸・下野の念仏者たちの心がすべて浮わついてしまい、間違いのない証文を力をこめて数多《あまた》書き送りましたのに、それをこぞって捨ててしまわれたとお聞きしたからには、もはや言うべき言葉もありません。

まず慈信が説いている法門の内容については、私は名前を聞いたこともなく、ましてや学んだこともありません。慈信にこっそり教えうるはずもないのです。また、夜であれ昼であれ、慈信一人に、人に隠して法門を教えたこともありません。もしこのこと、慈信に教えながら、今ここで私が嘘を言って隠しだてをし、他人にもひそかに教えたことがあるとすれば、私は三宝を本《ほん》として、三界の諸天・善神《ぜんじん》、四海の竜神八部＊、閻魔《えんま》王界の神祇冥道《みょうどう》の罰を、わが身一身にことごとく蒙りましょう。

これ以後は、慈信においては、親鸞の子であるという義を思い切ります。慈信は、世上のことについても思いもよらぬ嘘いつわりを申し、言葉にもならぬことを申しひろめておりますからには、仏法のことにかぎらず、世上のことにかんしても、怖るべきことを数かぎりなく申し立てているのです。なかでも慈信が説く法門の様子を聞けば、心にもおよばぬ言い分です。親鸞自身は、いささかも聞きも学びもせぬ言い分なので、かえすがえすも浅ましく心憂いことです。慈信は弥陀の本願を捨ててしまったのです。ことに人びとにたいし、親鸞をも虚言《そらごと》を申した人間にしてしまったのです。心憂く情ないことです。

たいていの人びとは『唯信鈔』・『自力他力の文』・『後世物語の聞書』・『一念多念の証文』・『*唯信鈔文意』・『*一念多念文意』、これらを御覧になりながら、慈信が説く法門にしたがって、大勢の念仏者たちが弥陀の本願をあいともに捨ててしまったのです。言うべき言葉もないので、今後こういう御文に関してはお話にならないでください。

しかし、性信坊がお書きになった『真宗の聞書』は、私が申しましたことに、いささかも相違がないので嬉しく思います。『真宗の聞書』一帖はこちらに保存いたします。また哀愍房《あいみんぼう》とかいう方には、まだ会ったことはありません。手紙を差し上げたこともなく、国からいただいたこともありません。親鸞の手紙をもらったと言っているとすれば、怖ろしいことです。この『唯信鈔』は書き方がよくないので、火に焚《く》べてしまいます。かえすがえすも心憂いことです。この手紙を人びとにお見せになってください。かしく。

五月二十九日

親　鸞

性信御房御返事

なおまた、念仏者たちの信心が決定していると思っていたのは、すべて嘘いつわりでありました。第十八の本願を、これほどまでに捨ててしまっておられた人びとのお言葉を、年来、信頼していたことこそ浅ましいことに思います。この手紙を秘匿《ひとく》する必要はありません。よくよく人びとにお見せになってください。

三　『御消息集』第十通と同文

四

一つ、武蔵の国からといって、しむしの入道殿という方と、正念房という方が、大番*役のために上洛しておられました。私はお会いしました。ご念仏の志がおありになると思われたので、まことにうれしく、賞《め》でたいことに思いました。かえすがえすもうれしく、心を動かされたのです。今後いっそう、よくよくすすめて、みなさまの信心が変わらぬよう説いてあげてください。浄土のみ教えは、阿弥陀仏のおん誓いであるうえに、釈尊のみ言葉でもあります。それにまた、恒河沙の数ほどもおわします全宇宙のみ仏が、まことの言葉でもって証明しておられることでもあります。ですから、みなさま方の信心が変わるはずはないとは思うのですが、いろいろな噂が聞こえてまいります。

要するに、第十七願は、衆生を導く救いの手だてとしての誓願であると信じております。第十八の念仏往生の願は、阿弥陀仏がこの世に差しむけられる正しい行であり、往生浄土の正しい原因であると書かれてあります。まことの信心がある人は、等正覚の弥勒と等しいので、阿弥陀仏とも等しいとも、もろもろの仏がお賞めになるとも聞いているのです。また、私たちがこの弥陀の本願を信じたうえは、義なきを義とするとこそ、大師法然上人は仰せられているのです。お手紙にある人びとのように、義を説いておられるかぎりは、他力ではなく、自力であると聞いております。また他力というのは、仏智が私たちの思議を超えたものであり、それによって私たち煩悩具足の凡夫が無上覚の悟りを得るというのは、弥陀・釈尊というみ仏たちのあいだのおんはからいなのです。私たち念仏する者のはからいでは何らありません。ですから、義なきを義とすると言うのです。この人たちが言っておられることは、何もご存知なく言っておられるので、正しい教えと変わってしまっていることが、まことに歎かわしく思われます。正しい信心をよくよくおすすめになってください。かしく。

九月七日

親　鸞

性信御房

念仏についての問題のために、裁判沙汰までにいたったことは、さまざまに聞いておりましたところ、無事に落着したと、この人たちが話してくだされたので、まことに賞《め》でたくうれしく思います。なにごともなにごとも、申しつくすことはできません。命があれば、またまた書き送りたく思います。

一つ、法然上人は土佐の国に流罪*となり藤井元彦という俗姓を与えられた。善信（親鸞）は越後の国に流罪となり藤井善信という俗姓を与えられた。罪科に坐したとき、勅宣には、

藤井元彦は俗姓藤井

善信は俗名善信《よしざね》

善恵は無動寺大僧正の御房に預けられることになった。

常覚房幸西は物部の俗姓を与えられた。

愚禿というのは親鸞聖人が流罪に坐して、勅免をのぞまれたときに、藤井の姓を改め、愚禿の字を用いて中納言範光卿を通じて勅免を蒙ろうと奏聞を経たところ、範光の卿をはじめ諸卿がみな、愚禿の字に書き改めて奏聞したことを誉められたということである。そのとき、法然上人もまもなくお許されになった。おん弟子八人も、あい共に許されたのであった。このことは京中のすべてに知れわたっていることである。

『教行信証』第六巻の末尾にこのように書かれている。愚禿釈の親鸞は、建仁辛酉の年に雑行を捨てて本願に帰した。元久乙丑の年に法然上人の恩恕を蒙って『選択本願念仏集』を書きうつした。同年初夏中旬第四日、「選択本願念仏集」の内題の字と「南無阿弥陀仏往生之業念仏為本」と「釈の綽空」とを法然上人の真筆をもってお書きいただいた。同日に許されて法然上人の真影を図画したてまつった。同じく二年閏七月下旬第九日、真影の銘は同じく真筆でもって「若我成仏、十方衆生、称我名号、下至十声、若不生者、不取正覚、彼仏今現在成仏、当知本誓重願不虚、衆生称念必得往生」と「南無阿弥陀仏」とお書きいただいた。また夢の告げによって、綽空の字を改め、同じ日に法然上人に善信とお書きいただいた。本師源空上人は今年七十三のおん年である。　右この真文をもって性信が尋ね申すところに、早くもかの本尊を預るなり。

源空上人が親鸞聖人に譲りたてまつる本尊の銘文はつぎのとおりである。

若我成仏十方衆生称我名号下至十声若不生者不取正覚　彼仏今現在成仏当知本誓重願不虚衆生称念必得往生　南無阿弥陀仏　釈善信、聖人以御真筆令書之也。建保四丙子歳七月下元日奉令書之。

五　『末灯鈔』第三通と同文

御消息拾遺

ごしょうそくしゅうい

現存する宗祖御消息の中、『末灯鈔』等に収められていないもの六通（真蹟五通、顕智書写一通）を、一般に『御消息拾遺』と呼んでいる。

なお、消息ではないが「いや女譲状」と呼ばれる真蹟文書が一通あり、これも併せて収録した。

一

この円仏房*が、京より下られました。念仏の志が深いゆえに、ご主人方にも知られずにお上りになったのです。そのことを心にとめて、ご主人方にお話になってください。今月の十日の夜に火事にあいました。円仏房はよく尋ねてくださったものです。お志が有り難く思われます。きっと火事のこともお話になることでしょう。よくよくお聞きになってください。なにごともなにごとも、忙しいので詳しく書けません。かしく。

十二月十五日

真仏御房へ

二

閏十月一日のお文、たしかに拝見しました。覚念房*のことは、常ならずあわれなことに思います。親鸞のほうが先に浄土へまいるであろうと、待っておりましたのに、先だたれたことは言葉もありません。幾年も前に亡くなられた覚信房は、必ず必ず先に浄土へまいって待っておられることでしょう。必ず必ず浄土でお会いになることは申すまでもありません。覚念房が信心について語っておられたことは、私の考えといささかの相違もありませんでした。ですから、必ず必ず同じところへまいって会うことができるのです。来年の十月の頃までも生きておいでになれば、いま一度この世で会うことができたと思うのです。入道殿のおん心も、私といささかの相違もないので、私が先にまいりましても待っておりましょう。みなみなさまのおん志のもの、たしかにたしかに頂戴いたしました。なにごともなにごとも、命があればまた書きたく思います。また、あなたのお話もうかがいたく思います。このおん文を拝見したことは、ことに感慨深いことでありました。申すもおろかなほどです。追ってまた、申しあげたく思います。かしく。

閏十月二十九日

親　鸞

高田入道殿御返事*

三

いや女《おんな》のこと、手紙に書いてまいりました。いまだ、住むところもなく、つらいありさまです。あさましいありさまで、もてあまし、どうしようもなく思っております。

三月二十八日

……………………（切封）

わうごぜんへ

しんらん

四

……………………（切封）　御返事

常陸の人びとの御中へ、この手紙をお見せになってください。みなさま方に申しあげてきたことと、いささかの変わりもありません。この手紙にすぎたものはありませんので、これを国の人びとに見せて、あい等しい信心を抱いていてほしいものです。かしく。

十一月十一日

*いまごぜんのははに

五

この今御前の母は、頼りとする者がありません。所領がありましたら譲ることもできるのですが、それもないのです。私が死んだあとでは、国の人びとにくれぐれもお世話を頼みたいのです。この手紙を書いて常陸の人びとにお頼みしますので、聞きいれて、ともにあわれみをかけてやってください。この手紙をご覧になってください。また、この*即生房も、世すぎの方法も知らぬ者でございますので、言いおいてやることもございません。どう過ごしようもなく、みすぼらしいありさまであることは、今御前の母とかわりありません。この即生房にも、なにも言いおいてありません。常陸の人びとこそ、この者たちを、おんあわれみになってください。いとおしく、みなさまあわれんでやってください。みなさまがこの手紙を読んで、同じ心になってください。かしく。

ぜんしん

十一月十二日

ひたちの人々の御中へ

…………………（切封）

ひたちの人々の御中へ

六

仰せられたこと、くわしく聞きました。何よりも、哀愍房《あいみんぼう》とかいう人が、京の私から手紙をもらったとか言っておられるとのこと、かえすがえす思いもおよばぬことです。いまだ会ったこともなく、手紙を一度ももらったこともなく、これより書き送ったこともないのに、京から手紙をもらったと言っているのは、浅ましいことです。

また慈信房が説いている法門は、私が名前すら聞かず、知らぬものです。それを、慈信一人に夜、親鸞が教えたのであると、あなたは人に説いているのです。常陸《ひたち》・下野《しもつけ》の人びとはみんな、自分らはこれまで親鸞から嘘いつわりを教わっていたのだと言いあっています。もはやこれでは、父子の義はありえません。

また、母の尼にもわけの分からぬ嘘を告げ口したとのこと、言うべき言葉もなく、浅ましいことです。また、みぶの女房がこちらへ来て、慈信房が与えた文だと言って持参したものを、こちらに置いてあります。そのなかで、つまらぬことのために、継母に言い惑わされたと書いてあること、ことに浅ましいことです。この世にいるのに、継母の尼が言い惑わせたということ、浅ましい虚言です。またこの世に、どうしてあったのかとも知らぬことを、みぶの女房のもとへも書き送っていること、それも心のおよばぬ虚言をしたためていること、心憂いことであると歎いております。

まことにこういう虚言なども言って、*六波羅《ろくはら》の辺、鎌倉などに披露されたこと、心憂いことです。この程度の虚言は、この世にかかわることですから、いくらでもあることかもしれません。しかしそれですら、嘘を言うことは慎むべきであるのに、ましてや往生極楽の大事にかんして嘘いつわりを言い、常陸・下野の念仏者を惑わし、親について嘘を言いつけたこと、心憂いことです。

あなたが第十八の本願を萎《しぼ》める花にたとえたため、人びとがみんな捨ててしまったのは、まことに謗法《ぼうほう》の咎を蒙むるべき罪です。また五逆の罪をあえて為すとも救われると言って、人びとを損じ惑わせたこと、悲しいことです。

ことに破僧の罪という罪は、五逆のその一つです。親鸞について嘘を言いたてたのは、父を殺すことです。五逆のその一つです。こういうことを伝え聞いたことは、言うべき言葉もないほど浅ましいことであれば、今は親ということもあるべきではなく、子と思うことも思い切りました。私は*三宝と神明に、このことを断言しました。悲しいことです。私の法門ではないと言って、好んで常陸のすべての念仏者を惑わそうとしていることを、心憂く思います。親鸞の説く教えによって、常陸の念仏申す人びとを損ぜよと私が慈信房に教えたと、鎌倉で評判がたっているとのこと、かぎりもなく浅ましいことです。

五月二十九日

同　六月二十七日到来

建長八年（一二五六）六月二十七日註之

慈信房御返事

嘉元三年七月二十七日書写しおわる

いや女《おんな》譲状

いや女を譲り渡すことについて

この女は身代わりとして照阿弥陀仏が召使う女です。それを照阿弥陀仏が東《ひんがし》の女房に譲り渡すものです。異議をとなえるものはございません。決して煩いはございません。のちの世のために譲り文を差し上げます。かしく。

寛元元年(一二四三)発卯十二月二十一日

親鸞

恵信尼消息

えしんにしょうそく

親鸞聖人の内室恵信尼（寿永元1181-?）の書簡。大正十年（一九二一）十月、西本願寺の宝庫から、鷲尾教導氏が発見し、同氏著『恵信尼文書の研究』（大正十二年七月）に、その全文を掲げている。即ち、建長八年（一二五六）の下人譲状二通、弘長三年（一二六三）二月から文永五年（一二六八）三月にいたる間の書簡八通、『無量寿経』巻上の「硨磲為葉紫金為華……所処宮殿衣服飲食」の文の音読を仮名書したものである。今は、仮名書の経以外を収録した。

一
わかさ殿の御《おん》つぼね　言上してください。　　ちくぜん

さきの書きつけを焼いてしまわれたと聞きましたので、あらためて申し上げます。そちらへ行くことになっておりますのは、けさと申します女童《めのわらわ》、歳三十六になります者と、その娘なでしと申します今年十六になる者と、また九つになる娘と親子三人でございます。またけさのまま母の連れ子と、その娘のいぬまさ今年十二になります者、またことりと申します女、歳三十四になります者、それにあんとうじと申す男でございます。

さてけさがもうけました、今年三つになる男の子は、別の方が所有する下人《げにん》と関係してできたものですので、父親のほうに与えました。家の奴《やっこ》が、他家の下人と関係しますと、たいていこのように面倒なことになります。

以上、合わせて女六人、男一人、計七人でございます。

建長八年（一二五六）丙辰《ひのえたつ》の年七月九日

二

わかさ殿　言上してください　ちくぜん

*王御前にお譲りした下人たちの証文を、火事で焼いてしまったと仰せられましたので、最も早い便でお送りいたしましたが、それでは確かに届いたかどうか気になりますので、今度の使いは確かですからもう一度申し送ります。お譲りした下人は、けさという女と、その娘のなでし、女童で年十六、その妹いぬおう、年九の女童、またまさという女、その娘のいぬまさ、年十二、その妹年七、またことりという女、またあんとうじ、男。以上大人と子供あわせて八人です。この人たちについては、ことあたらしく誰かが異議をとなえるとも思いませんが、使用人たちはどうなっていくかわかりませんので、書き送ります。

建長八年（一二五六）九月十五日　恵信

わうごぜんへ

（追伸）

また、いづものことについては、逃げてしまったあとは、正体もわかりません。子どもが一人もおりませず、そのうえ病身で、いつみまかるかともわからぬ者であったのです。そのことは一昨年お伝えしたので、きっと心得ておられることでしょう。お忘れにならないでください。かしく。

いまは、あまり年老いてしまいましたので、手も震えて、上手に花押も書けません。だからといって、この証文に不審はありません。

三

昨年の十二月一日にお送りいただいたお手紙、同じ月の二十日すぎに、たしかに拝見いたしました。殿（親鸞）が往生されたことは、今あらためて申すまでもないことと思います。

殿が比叡山を下りて、六角堂*に百日お籠りになり、後世《ごせ》をお祈りになったところ、九十五日目の明け方に、聖徳太子*の文をとなえて祈られますと、救世観音が、姿を現わされたのでした。殿はその明け方に六角堂をお出になると、後世のたすかる仏縁に会おうと探し求め、はじめて法然上人にお会いになったのでした。それからは六角堂に百日お籠りになったときと同様、また百日間、雨の降る日も天気の良い日にも、どんな大事があろうと上人のもとへお伺いになりました。上人は殿に、善人であろうと悪人であろうと、等しく生死を離れ、浄土へまいるべき道を、ひたすらお説きになりました。殿はそれを承わって信心を定められたので、そのうえは他人がどう言おうと、上人がお行きになるところは、たとえ地獄であろうとも自分はお供をしよう、これまで生々流転してきた身であるからには、ほかにとるべき道はないと覚悟されたのでした。殿は、人びとが上人の教えをさまざまに非難したときにも、そう仰せられていたのです。

さて私どもが、常陸の国下妻《しもずま》というところの、境の郷《さかいのごう》というところにおりましたとき、私はつぎのような夢を見たのです。私はお堂の落慶供養に立ち会うているようで、お堂は東をむいて建っておりました。宵祭*のように思われ、お堂の前には立燭《たてあかし》が白く輝いておりました。その西側、ちょうどお堂の前に鳥居のようなものが建っていて、その横木には仏の絵像がかけてあるのです。一体は仏のお顔ではなく、ただ一面の光のなかに、仏の頭光《づこう》のようなものがあるばかりなのです。お姿そのものは見えず、ただ光ばかりが輝いているのです。

いま一つは、まさしく仏のお顔であったので、これは何というみ仏でしょうと訊ねますと、どなたとも分からぬ人が、

「あの光ばかりが輝いているのは、あれこそ法然上人、すなわち勢至菩薩にあらせられるぞ」

と答えたのでした。それで私は、いま一つのみ仏は、と訊ねますと、

「あれは観音にあらせられる。あれこそは善信の御房であるぞ」

とお答えになったところで目が覚め、たいそう驚き夢であったとわかったのです。とはいえ、こういうことは他人に言わぬものと聞いております。また私のような者が話したところで、人は本当と思いませぬゆえ、人にはけっして話さず、法然上人の御事《おんこと》だけを私は殿に申し上げたのでした。すると殿は、

「夢の種類は数多いが、そなたが見た夢は正夢じゃよ」と仰せられたのでした。「法然上人を方々で、勢至菩薩の化身と夢に見た人は多い。勢至菩薩はかぎりない智恵をたえたお方で、菩薩の智恵が光なのじゃよ」

と仰せられたのです。殿を観音の化身と見たことを私は話しませんでしたが、私はそのあと心のうちでは、けっしてふつうの方のようには思わなかったのです。貴女もそのようにお心得になるべきでしょう。ですから私は、殿がどのようにご臨終されようと、往生を疑ったことはないのです。また同様に*益方《ますかた》もご臨終を看取ったとのこと、親子の契《ちぎ》りとは言い条、何か深いことがあると思えば、嬉しいのです。本当に嬉しいのです。

またこの越後の国は、去年は大変な不作でした。まったく驚くほどで、このままでは生きのびることもできないと思われるほどです。人びとが姿を消し、有様が変わってしまったところもあります。一箇所だけではなく、益方というところも、また私が頼みにしていた人びとの所領も、たいていは同じ有様なのです。世間のたいていが不作に苦しんでおりますゆえ、私どもが頼るすべもないのです。

途方に暮れているうちに、この正月には、長年奉公していた使用人も、男二人が逃げ去ってしまいました。これでは春の耕作もできませず、いよいよ頼りない身の上に思っております。私自身は、もう何年も生きていられる身の上ではないので、世間のことを心苦しく思うことはありません。でも私一人の身ではなく、傍《かたわ》らには大勢の子どもがいます。親のない小黒《おぐろ》の女房の女の子や男の子がいるほか、益方の子どももこちらにきているので、私は何か母親になったような気持がしているのです。みんなが生きのびられないのではないかと不安なのです。

（追伸）

この文書は、殿が比叡の山で堂僧*を勤めておられましたところ、山を下りて、六角堂に百日お籠りになり、後世《ごせ》のことをお祈りになったのですが、その九十五日目の明け方に、御本尊救世観音が姿を現わして仰せられた言葉です。御覧になっていただこうと思い、書き記しました。

四

このようなことを書きましたのも、殿が生きておいでであれば、申しあげる必要がなかったのでお話しなかったのですが、亡くなられた今は、こういうお方であったと心にとめていただきたく思い、書いて差しあげるのです。字の上手な方に、書いてもらって、お持ちになっていてください。また、あの殿の御影の一幅は頂戴したいものです。あなたがまだ幼く八つであった年の四月十四日から、ひどい風邪をひかれたときのことを書き記しました。私は今年八十二になりました。一昨年の十一月から去年の五月まで、もう死ぬのではないかとその日を待っていたのですが、今日までは死なず、今年の飢饉には飢え死にするのではないかと思っているのです。このようにお手紙を送りながら、なにも差しあげるものがないのをすまなく思うのですが、力がありません。益方殿にも、この手紙に書いたことをお伝えください。文を書くのもつらく、あちらへは差しあげません。

二月十日

五

善信の御房は寛喜三年四月十四日の昼ごろからすこし風邪気味になられ、夕方から重くなり、横になっておられました。腰も膝も揉ませず、看病の者もかたくなに寄せつけまいとして一人臥《ふ》せっておられました。お体をさわると火のように熱く、頭痛も大変な様子でした。さて四日目の明け方に、苦しそうにしながら、

「まあこれで良かろう」

と仰せられたので、

「どうされたのですか、うわごとをおっしゃったのですか」

と訊ねますと、

「うわごとではない、寝て二日目から私は『大無量寿経』を読みつづけていた。ふと目をとじると、経の文字が一字も残らず、輝くようにはっきりと見えた。おや、これは不可解なことである、私が念仏の信心のほかに、何を気にかけることがあろうとよくよく考えてみると、十七、八年ばかり前に、たいそうにも衆生利益のために、『浄土三部経』を千部読もうと志したことがあった。読みはじめてから、これは何ということをしているのであろう、〝自信教人信、難中転更難〟*と言われるように、みずから信じ人に教えて信じさせることが、真の仏恩に報いたてまつる行為と信じながら、名号のほかに何を

不足に思って懸命に経を読もうとするのかと思いかえして読まなくなった。そういう昔のことが、なおもすこし記憶に残っていたのであろうか。人の執心というもの、あるいは自力の心というものは、よくよくかえりみなければならぬと反省したあとは、夢に経を読むことはなくなった。そして床について四日目の暁に、まあこれで良いだろうと言ったのである」

と仰せられたのでした。やがて汗が出つくして回復されたのでした。

『三部経』をたいそうにも千部読もうと思いたたれたのは、*信蓮房の四歳の年のことで、武蔵国なのか上野国なのか、*佐貫《さぬき》というところで読みはじめられ、四、五日たってから思いかえして読むことをやめ、常陸へおいでになったのでした。信蓮房は未《ひつじ》の年（建暦元）三月三日の昼に生まれましたから、今年は五十三歳になることと思われます。

弘長三年(一二六三)二月十日　　恵信

六

先年の手紙に、寛喜三年の四月四日より病いに臥せられたことを書きましたが、その時の日記をみると、四月十一日の暁に経を読むことは、「まあこれで良かろう」と仰せられたことについては、「やがて四月の十一日の暁」と書いてありました。これから数えれば、八日目になりますので四月の四日から八日目のことになります。

恵信

若狭殿　言上してください

七

もしかすれば京都までのついでがあるかと思い、越中へこの文を書き送ることにします。さて、私は八十になりました年に大病を患ったのですが、八十三の年は命の終る年と物知りの人の書かれたものに同じようにありますので、今年はもう余命がないと思い切りました。生きているあいだに、*率都婆を建てておこうと思い、高さ七尺の五重の石塔を注文したのです。塔師が造ると言いましたので、出来てくれば建ててみようと思っていたのですが、去年の飢饉に、なによりも、益方の子どもたちと、こちらの子どもたちとを殺してはならぬと思い、着るものもなくなってしまって、白いものを一度も着られなくなりましたので、（以下欠落）一人あります。また、おとほうしと申しておりました童で、成人して藤四郎と申します者に、そちらへ行くよう申しつけました。そのように、おん心得ください。けさの娘は十七になります。さて、ことりと申す女は、子どもも一人もいないので、七歳になる女童を養わせました。その子は、親につけてそちらへまいらせます。お話したいことが沢山ありすぎて書きつくしがたく、これで筆を終えます。かしく。

〈八〉

京への使いがあることがうれしく、お手紙を差しあげます。たびたび差しあげているのですが、着いていることでしょうか。私は今年八十三になり、去年か今年が死に年であると言われておりますので、なにごとも常にうかがっておきたく思っているのですが、確かな便りもございませんでした。さて、生きているあいだにと思って、高さ七尺の石の五重塔を注文し、まもなく出来ると聞いていたのですが、今は住いも離れ、下人たちはみんな逃げてしまいました。なにごとにつけ頼りないありさまですが、生きているあいだに建ててもみたいものと思うのです。まもなく出来上がり、こちらへ持参してくだされると聞きましたので、なんとしても生きているあいだに、建てたいものと思っているのですが、どうなりますでしょう。そのうちに私がみまかれば、子どもが建ててくれるであろうと思います。なにごとも生きているあいだに、始終をおうかがいしておきたいと思っているのですが、遠い雲の彼方に住んでおられるので、親子のまめやかな契りもないように思うのです。ことにあなたは末の子ですから、いとおしいことに思っているのですが、お会いできないのは仕方がないとしても、始終書き送ってくだされないことは悲しいことに思います。

五月十三日

（追伸）

さて、そちらへつかわそうとした下人たちについては、もといたけさと申します者も、娘が亡くなってしまいました。いま一人の娘がおります。母も病身の者です。さて、おとほうしと申します者は、成人して藤四郎と申します。またふたばと申します今年十六になる女童には、そちらへ行くよう申しました。なにごとも手紙にはつくしがたいので、これで筆を終えます。また、以前からいたことりには、七つの子供を育ててもらっています。

五月十三日

これは確かな使いです。ですから、くわしくくわしく申しあげたく思うのですが、すぐにということで、急がなければなりませんので、くわしくは書けません。また、このえもん入道殿がお言葉をかけてくだされたと聞いて喜んでおります。この便りは確かなものですから、なにごともくわしくお話になってください。かしく。

九

幸便があってうれしく思います。さて、私は去年の八月の頃より、腹痛を病んでおり、どうしてもよくなりません。煩わしく思っているのですが、そのほかのことは老いの身には仕方がなく、今は耄碌して正体もなく暮しております。私は寅の年生まれで、今年は八十六になってしまったのです。またあなたにお譲りした者たちも、いろいろ変わりました。長く仕えていることりという女が、三郎たという者と結ばれたのですが、それが入道となってさいしんと名のっております。この入道の親類のむまのじょうとかいう御家人であった者の娘で、今年は十歳になる者がいるのですが、その母はかがと申し、世にもおとなしい人で、私が使っていたのですが、流行病《はやりやま》いがはやった年に死んでしまいました。それでその子には親がなくなってしまったので、ことりには子供がいないので預けてあります。また、けさという者の娘のなでしと申します者は、まことによい娘であったのですが、流行病いで亡くなりました。その母も、何年も前から頭に腫れ物を病んでいたのですが、それもなおらないで、いつまで生きていられるかわからないありさまです。けさには娘がもう一人ありまして、今年二十歳になります。そのほかには、ことりとい□くがおります。またそちらに居りました時にはおとほうしと申しました子供が、今では藤四郎というのですが、また京都へ行くようにと申しましたところが、父母を捨てては行かぬと心に決めておりますと言っているのですが、これはどのようにでもとりはからいます。このように、田舎で代わりの者をさがそうと、*栗沢が申しておりますので、なお話をしてみることにします。ただし、代わりの者がどれだけいるであろうとも思うのですが、これほど良い男はいないであろうと申しております。また、小袖をたびたび頂戴してうれしく思います。今は黄泉《よみじ》小袖にする着物もございませんので、言う言葉もないほどうれしいのです。今着ているような着古した着物では、最後のときが気になってしかたがないのです。今は最後のときを待つばかりの身ですが、また確かな便のときに小袖をくださるよう書いてございましたが、この衛門入道の便りは、確かなものであると思います。また宰相殿は、結婚されましたでしょうか。子どもたちのことは、なにごとでも知らせていただきたく思います。書きつくしがたく、これで筆を終えます。かしく。

九月七日

……………………（切封）

わかさ殿　言上してください

（追伸）

また、若狭殿も、いまは少しく年をとられたことと思います。なつかしく思います。年をとれば、これまでは疎遠に思っていた人も、なつかしく会いたく思うのです。かこのまえのことは気の毒に思われます。上れんぼうのことも消息を聞いてなつかしく思います。かしく。

ちくぜん

＊飛田《とびた》の牧より

10

わかさ殿（以下欠落）

幸便がありますので、うれしく、お手紙をさしあげます。さて私は、今年まで生きられるとも思っていなかったのですが、今年は確か八十七にもなってしまいました。私は寅の年の生まれですので、八十七か八かになってしまったのですが、今はみまかる日ばかりを待っております。歳こそおそろしいほど重ねましたが、咳をすることもなく、痰も出ません。腰や膝をたたいたりさすったりしてもらうことも最近までございません。ただ犬のように元気でおります。今年になってからは、あまりに物忘れがひどく、耄碌《もうろく》してしまったように思います。さても、去年からは世にもおそろしいことがたくさん起こりました。また、すりいの者の便りに寄せて、綾《あや》の衣を賜わりましたこと、申す言葉もないほどうれしいことに思います。今はみまかる日ばかりを待っておりますので、これが最後のいただきものになろうかと思っております。いままでに、頂戴しました綾の小袖《こそで》をこそ、最後のときのものにしようと思って持つことにします。世にもうれしく思っております。衣の表もまだ持っております。また、子どもたちのことについても、懐かしくてなりませんので、書き送っていただきたく思います。上の子どものことも、ぜひお聞きしたいと思うのです。ああ、この世でもう一度見ることも、こちらへ来てくださることもないでしょう。私はもうすぐにも極楽へまいることでしょう。極楽ではなにごとも明らかにご覧になることができるのでありますから、よくよくお念仏を申されて、極楽でお会いいたしましょう。また、極楽へまいってお会いすれば、なにごとも明らかになることでしょう。また、この便は近くに住む巫女の甥とかいう者の便りです。あまりに暗いのでくわしくは書けません。また、よくよく確かな便りがあれば、綿を少しくださ い。尾張に住む衛門入道の便りこそが確かな便りと思います。それが、こちらへ来ることがあろうと聞いてはいるのですが、まだ知らせは参りません。また、光寿御前*が修行のために下ってこられるとか仰せられているのですが、こちらへはお越しになっておりません。また、若狭殿が今はおとなびて年を召されたであろうと思うと、まことに懐しく思うのです。よくよく念仏申して、極楽へまいってお会いできるようお伝えください。なによりもなによりも、あなたの子どもたちのことを、くわしく書き送ってください。聞きたくてなりません。一昨年であったかに生まれた子どもがいると聞きましたのが、まだ顔も知りませんが懐しく思っているのです。また、そちらへまいらせようと申しました女童も、昨年の大変な流行病いで大勢が死んでしまいました。ことりと申します女童も、もう年をとってしまいました。父は御家人で、右馬丞と申します者の娘がいて、そちらへまいらせようと思い、ことりというのに預けてあるのですが、世にも不精な娘で、髪などもまことにあさましい姿です。ろくでもない童で、いまいましく思っております。けさの娘のわかばという今年二十一になりますのが妊んで、この三月頃に子どもを産むのですが、男の子であれば父のほうがひき取ってしまうでしょう。以前にも今では五つになる男の子を産んだのですが、父方を継ぐということで、父がひき取ってしまいました。こんどの子どももどうなることでしょう。わかばの母は、頭になにか大変な腫れ物ができて、もう十数年にもなるのですが、ほとんど仕事もできず、本人も、死を待っているありさまですと申しております。あなたの所に居りましたときには、乙法師という名の子供であった者をそちらへまいらせようと申しましたが、深い仲の女がいるので、よもや行くとは言わぬであろうと思うのです。私が死ぬようなことになったら、栗沢に申しおいてありますので、あなたから上京するようにおっしゃってください。また、栗沢はどうしたことか、のづみと申す山寺にこもって不断念仏を始めたのです。なにごとか祈ることがあるとか申しております。五条殿（親鸞）のおん為につとめると申しているのです。いろいろ申したいことは多いのですが、便りの者が暁に出かけると申しますので、夜書いております。暗くてならず、とても読めないのではないかと思い、これでやめます。また、針を少しください。この便りの者に預けるお手紙のなかに入れてほしいのです。子どもたちのことは、くれぐれもくわしく書き送ってください。それを承わるのがなによりもの慰めになるのです。いろいろと書きつくすことはできず、これで筆を終えます。また、宰相殿は、まだ姫君の身でいらっしゃるのでしょうか。

（追伸）

あまりに暗いので、どのように書いたでしょうか。でもよもやお読みになれないことはないと思います。

三月十二日亥《い》の時

解説

親鸞の求道

一、法然との出会い――第十九願から第二十願へ

私は昨昭和五十七年の六月に、真宗大谷派の宗門大学である大谷大学で、「親鸞の廻心について」と題する講演をおこなった。親鸞が九歳にして比叡山に入り、二十九歳にして、当山で二十年間にわたって修めた自力聖道の修行を捨て、法然にしたがって専修念仏に帰依するまでの模索の過程を、私なりに解明しようとしたものである。

私は本巻の解説では、一般に「三願転入」という有名な言葉で要約されている、親鸞の求道の全過程について考えてみたい。

ここをもて、愚禿釈の鸞、論主の解義をあふぎ、宗師の勧化によりて、ひさしく万行の諸善の仮門をいでて、ながく雙樹林下の往生(第十九願)をはなる、善本徳本の真門に廻入して、ひとえに難思往生(第二十願)の心をおこしき。しかるに、いまことに方便の真門をいでて選択の願海に転入せり。すみやかに難思往生の心をはなれて、難思議往生(第十八願)をとげん

とほちす。果遂のちかひ、まことにゆへあるかな。（『教行信証』「化身土巻」底本版三八八頁以下）

というのが、親鸞自身が語っている「三願転入」の過程である。すなわち、『大無量寿経』（以下『大経』と略称）に説かれてある阿弥陀仏の四十八願のうち、親鸞は最初、第十九願を信じていたのである。この誓願および『観無量寿経』（以下『観経』と略称）に定められてあるもろもろの仏道修行をみずから行って、それに依って往生浄土を遂げようと志したのである。親鸞はしかし、二十年にわたる自力聖道の修行によって、ついに安心を見いだせず、法然の膝下に身を投じる。が、親鸞が法然の下で、最初に信じたのは、自力の念仏を説く第二十願および『阿弥陀経』（以下『小経』と略称）であった。そして、後の何時のころかに、弥陀の本願たる第十八願、およびそれが説かれてある『大経』に、独自の解釈をほどこした上で、最終的に帰依して絶対他力の念仏者と成ったのである。私は、親鸞がかつてみずから信じていた第十九願や二十願を、いかに峻厳に否定しさったかについては、第三巻の解説の後半で説明した。

親鸞がいつ第二十願から十八願への転入をとげたかについては諸説がある。しかし第十九願から第二十願への最初の廻入が、法然の教示によって行なわれたというのはまず定説である。私も右の講演では、この定説にしたがって私見を述べた。今、親鸞の求道の第一段階を語るために、私はその講演の全文を引用することにする。

今日の私の話の主題は、親鸞の廻心《えしん》ということです。『歎異抄』の第十六条に、「一向専修の人においては、廻心ということただ一度《ひとたび》あるべし」という有名な言葉があります。なかなかに意味を規定しにくい言葉ですが、文字どおりに受けとって、親鸞にも生涯にただ一度廻心、つまり心が廻《めぐ》らされてしまうという内なる革命があったとすれば、それは親鸞が二十九歳の年に、自力の修行に絶望して比叡山を降り、六角堂に参籠して夢のお告げをえたあと、法然のもとにおもむいて、他力の念仏に帰依したことであると私も思います。私も、と言いますのは、それが学界の定説になっているはずだからですが、今日は、この自力から他力へという親鸞の廻心についての、私なりの推察をお話ししようと思います。

これは実は、学問的に解明が困難な、というより、不可能な問題であります。というのも、皆さんには説明するまでもないことですが、九歳から二十九歳まで、二十年間と言われる親鸞の比叡山における修行について語っている根本の史料は、『恵信尼消息』第二の、「殿の比叡《ひえ》の山に堂僧つとめておわしましけるが」という一行しかないからです。

また、右の親鸞の廻心が二十九歳の年に起こったことについては、親鸞自身が『教行信証』の最後に、「しかるに愚禿釈の鸞、建仁辛《かのと》の酉《とり》の暦、雑行を棄てて本願に帰す」と書いております。しかし九歳の年で出家入山したことについての史料は、親鸞の三代あとの覚如が書いた『本願寺聖人伝絵』であって、すでに遠い伝聞でしかありません。しかもこの『伝絵』にも、くわしい事情は何も書かれていないわけです。ですから、親鸞が二十九歳の年に法然の教えを受けて、「雑行を棄てて本願に帰した」と言われる、その雑行の内容についても、親鸞が何故に雑行を棄てたかという問題についても、実証的な研究は不可能であります。しかし、不可能であるがゆえに、実は、私のような小説書きが、空想をたくましくする余地はまことに広いのです。ですから今日は私なりに、いずれ親鸞の伝記小説を書く機会があれば、こういう風に書いてみようと目下は思っているという、一介の小説書きの空想をお話したいと思うのです。

話の順序として、まず親鸞の出家の動機から空想をたくましくしなければならないのですが、私はこの問題については、近年なくなられた森龍吉さんの説が面白いと思っています。親鸞は、皇太后宮《こうたいこうぐう》の大進という、あまり恵まれない役職についていた日野有範の長男に生まれたと言われております。不要な次男以下が親の意思で出家させられるのは、当時は珍しいことではありません。しかし、長男みずからが出家しなければならなかった背後に、何か複雑な、不幸な事情が隠されていると推察できるのですが、森龍吉さんは、親鸞の父も伯父も、平家に弓をひいた以仁王《もちひとおう》の反乱に加担したからではないかと推察しておられたのです。以仁王も、有名な源三位頼政も、宇治の平等院の合戦に敗れて死にます。そこで親鸞も、平家の敵の子であるという理由で、弟たちもろとも出家させられたのではないかというのです。べつに森さんの新説ではないのかもしれませんが、私は森さんの著書から教わって、面白いと思っているので紹介しておきます。

そのように、一家の政治的な失敗の責任を負わされて、親鸞はわずか九歳で出家させられたという説があるのです。真否はさておき、親鸞は出家当時に何をさせられていたかと言いますと、私は今日でもありふれた稚児の役をさせられていたのではないかと思っております。平安朝の貴族にとって、念仏は一種の娯楽でありました。ことあるごとに比叡山から念仏聖をまねいて、美声の念仏に聞きほれていたのです。稚児たちも美しく飾りたてて山から降り、もみじのような手をあわせて合唱します。勝利者にとって、敗北者の子供らがそういう役についているのを見るのは、快感をそそる見物だったことでしょう。

今日でも、東京の九品仏などでは、弥陀の来迎の行事があるそうです。大人が阿弥陀如来や観音・勢至両菩薩の扮装をこらし、子供らは上品上生から下品下生までの、九種類の聖衆の扮装で信者の前へでてくるわけです。世俗における宗教行事は、今も昔も、その程度の通俗的なものでしかなかったと私は思っております。少年期の親鸞も、そういう稚児の役を勤めさせられ、かたわらで浄土三部経をおぼえこまされたり、書写させられたりしていたのでしょう。

しかし、思春期に入って独自の悩みに目ざめれば、親鸞は真剣な仏道修行にはげんだにちがいありません。右の『教行信証』に語られている雑行、つまり念仏以外の、さまざまな仏道修行にはげんだにちがいないのです。その雑行の内容は、親鸞自身が『愚禿鈔』に分類している通りのものであったでしょう。しかし雑行の内容を、より具体的に考えれば、私は今日の比叡山でも伝統的に行われている荒行のうちの、浄土教に関係のあるものを、親鸞自身も行っていたにちがいないと思うのです。

私は最近、しばしば比叡山を訪れております。目的のひとつは、親鸞の二十年にわたる比叡山での修行の内容を、できるだけ具体的に想像したいということです。そこで教えられたのは、日本天台宗のさまざまな修行は、根本的に、中国天台宗の開祖智顗《ちぎ》の『摩訶止観』に依っているということでした。

単に仏教だけではなく、すべての宗教が、教・行・証の三要素から成り立っていると言えるのではないかと私は思っています。まず宗祖の教えがあるのです。弟子たちは宗祖の教えにもとずいて修行し、修行の結果証《さと》りをひらくのです。そういう図式が宗教一般にあるだろうと私は思っているのですが、天台宗の場合は、『摩訶止観』が教えであって、入門者たちは、ここに指示されている修行にはげむのです。私はこういうことを、昨春に比叡山を訪れたさいに、居士林の所長をしておられる堀沢祖門さんから伺いました。堀沢さんは、自身が十二年の籠山行《ろうざんぎょう》をはじめ、さまざまな荒行を満行しておられる方です。

その詳細については、今日はとてもお話する余裕がありません。『摩訶止観』に書かれているさまざまな仏道修行のうち、浄土教ないし阿弥陀如来と密接な関係があるのは、常行三昧行《じょうぎょうざんまいぎょう》と言われるものです。この行も今日でも比叡山で行われております。私はこの春は、かつてこの行を満行された酒井雄哉《ゆうさい》さんと会って、くわしい体験談を聞きました。今日は、酒井さんの体験談を参考にして、私が考えている親鸞における雑行の意味、そしてその挫折から本願帰依にいたる過程をお話したいと思います。

酒井さんは、最近しばしばジャーナリズムで紹介されているのでご存じの方も多いと思いますが（講談社刊、和崎信哉著『阿闍梨誕生——比叡山千日回峰行・ある行者の半生—』という紹介書もある）、当年五十七歳（大正十五年生）で、ついこの間千日回峯《かいほう》行を満行され、現在は二度目の千日回峯行を修めておられる方です。その酒井さんが、最初の千日回峯行を修められる前に、今いった常行三昧行をも満行しておられるのです。酒井さんはその体験談を、初対面の私にも腹蔵なく語ってくれました。話の順序としてはしかし、酒井さんが現在も修めておられる千日回峯行のほうから説明しなければならないと私は思います。

千日回峯行は、きわめて簡単に説明すれば、七年間に千日をえらんで、毎夜約三十キロの峯道を駈けめぐる行です。ほかにさまざまな難行が付随しておりますが、今日の主題とは直接関係がないので、くわしい説明は省略します。ぜひ紹介したいのは、酒井さんは現在比叡山の北方の麓の飯室谷という所に住んでおられるので、峯道を駈ける前後に登り降りしなければならず、距離も四十キロに延びているということです。私が会った時は、それを毎日駈けめぐっておられる最中でしたが、時間はどれくらいかかるかといえば、出発が午前一時半、帰着が午前九時半で、八時間もかかるとのことです。ほかにもさまざまな勤めや雑用があるので、一日の睡眠時間が平均四時間ということです。食事はといえば、伝統的仏教の戒律にしたがって、厳格に菜食を守っておられ、主食はじゃが芋、副食は、豆腐や納豆や味噌汁や漬物ていどのものだそうです。

私は比叡山を訪れて酒井さんのような方がたと会い、はじめて自力聖道という言葉の内容を教えられた思いがしました。そしてその果報、ないしは証《さと》りということですが、私は酒井さんとお会いして、まず顔の血色がとてもいいこと、健康そのものであることに感銘をうけました。禅宗のほうでは道元禅師が『普勧座禅儀』で、座禅とは心身の安楽の法門であると言っております。つまり、座禅をすれば、単にニルヴァーナ(涅槃)といわれる心の平安が得られるだけではなくて、体の病いも失せて健康になるというのです。仏教は本来、その母胎であるバラモン教ないしはヒンズー教と同様に、単に精神面だけではなく、肉体面でも安らぎを実現する教えなのです。私はそのことを、酒井さんから如実に教えられる思いがしました。さきに言いましたように、毎日四時間しか眠らず、食事はカロリー量がとぼしく、その上で四十キロの山道を登って駈けめぐっては降り、出発前には冬でも滝に打たれておられます。常人にはとても耐えられない過酷な日常ですが、酒井さんは五十七歳でそれを続行しておられて、心身の安楽を実現しておられるのです。

今ひとつ私に印象ぶかかったのは、初老の酒井さんが、男か女かわからない顔をしておられたことでした。多年の禁欲生活の果報として、性別を超越したような顔をしておられたことで、私はあい似た清浄な顔を、カトリックの修道尼に見たことがあります。

回峯行は直接浄土教とも阿弥陀如来とも、関係がない修行です。私がそれについてやや長い説明をおこなったのは、親鸞が否定した自力聖道、つまり、自分の努力でもって聖者にいたる仏道修行の意義を確認したかったからです。私は仏教は本来、こういう教・行・証の三要素を円満している宗教であると思っております。ただしその行は、私のような凡人にはとても行いうるものではなく、その証、つまり行の果報は、わが身に実現されるべくもないものです。

さて、私が親鸞も修めたにちがいないと推察している常行三昧行は、これまでお話した回峯行よりも、さらに苦しいと言われている仏道修行です。

比叡山の西塔に「にない堂」という対《つい》になっている堂があります。むかって左側を常行堂、右側を法華堂と言います。いずれも五間四方の小さいもので、渡り廊下でつながっています。例の弁慶がその渡り廊下を肩にしてかつぎあげたという伝説があって、「にない堂」と呼ばれているのです。常行三昧行は、昔も今もその常行堂で行われております。

堂の中央には、阿弥陀如来像だけが祀ってあります。観音・勢至の脇士《わきじ》は、今はなぜか祀られていないのです。まわりにはせまい回廊があって、行者はそこを九十日間、不眠不休で念仏をとなえながら、右まわりに歩きつづけるというのが常行三昧行です。そのように、常に行動しつつ三昧にいたるわけで、『摩訶止観』に定められている四種三昧の一種です。

食事は外から運ばれ、便所は堂に付属しております。行者が外出できるのは朝の沐浴《もくよく》の時だけで、あとは行動しつづけなければならないのですが、行者はむろん第一日目から疲労困憊《こんぱい》してしまい、眠気にも襲われます。その時にもしかし、横になって眠ることは許されず、横木にもたれて仮眠するだけです。その程度の休息ではとても耐えられず、体が自然にずり落ちてしまったりすると、縄でつくった椅子に坐ることは許されております。しかし椅子はわざと窮屈につくってある上に、山の夜の寒気はきびしいので、とても眠ってはいられず、行者は暖をとるためにも歩行を再開しなければならなくなるのです。第一日目から頭は朦朧としてしまい、左右に打ちつけて血だらけになり、倒れてしまって這って進まなければならないということです。

想像を絶する苦行であり、常人にできるものではありません。行者自身も、さまざまな準備の行をおこなって心身を鍛練しておかないと、とても満行できるものではないのです。

このような行にどういう意義があるのかといえば、私は銘記されているものを読んだことはないのですが、浄土三部経の一つの『大無量寿経』に書かれている、弥陀の四十八願のうちの第十九願に関係があるだろうと自分では思っています。親鸞が最終的に帰依した本願、つまり根本の誓願は第十八願で、その次の願です。

第十九願は「臨終現前の願」とも呼ばれております。阿弥陀如来はここで、

「たとい我仏《ぶつ》を得んに、十方衆生、菩提心を発《おこ》し、もろもろの功徳《くどく》を修して、心を至し願を発《おこ》して我が国に生まれんと欲《おも》わん。寿《いのち》終わる時に臨んで、たとい大衆《だいす》と囲繞《いにょう》してその人の前に現ぜずんば、正覚をとらじ――」

と誓っておられます。言うなれば常行三昧行者のように、自分の力でもって功徳を修める念仏行者が死にいたる時には弥陀おんみずからが極楽浄土に住む大勢の弟子たちと一緒に現前するという、私たちの常識をはずれた誓願です。私たちの常識からは不可解なことですが、過去の仏教徒にとっては、経典はすべて釈尊の真実の教えです。真実の教えとして第十九願があるからには、行者が常行三昧をおこなって、あらゆる戒を保ちつつ、つまり功徳を修めつつみずから瀕死の境地にいたれば、その時に阿弥陀如来が出現されるであろうという期待が生まれるのは、当然のこ

とであると思われます。実は酒井さんも、私のこの推察を肯定しておられました。

さきに言及した籠山行の内容を説明すれば、常行三昧行と第十九願との関連性が、より明らかになるだろうと私は思います。

これは字のとおり、十二年間比叡山に籠って、結界の外へ一歩もでないという行です。その間何をするかといえば、日本天台宗の開祖である最澄の御廟《みびょう》浄土院に入って、侍真《じしん》という役につくのです。祖師に生けるがごとくに奉仕しつつ仏道修行にはげむのですが、まことに重要な役目ですので、侍真となるためには特別の戒を授からなければなりません。

その戒を授けるのは、仏教そのものの開祖釈尊であるという、これまた、まことに私たちの常識を超えた規定があるのです。ですから侍真の志願者は、直接釈尊に対面しなければならないのです。科学的な研究によれば、釈尊は二千数百年前のインドに生きたお方です。そのお方と時をへだてて、比叡山において会わなければならないということです。

そのための行が好相行《こうそう》と言われるものです。これは簡単にいえば、毎日、過去・現在・未来の三世にわたっておわします三千体のみ仏にたいし、一体ずつみ名をとなえ、五体投地して礼拝するという行です。酒井さんもこの行を修められたことがあるのですが、毎日の満行のために十六時間かかると言っておられました。その間は、食事をとったり水を飲んだり休息したりする余裕は全然ないそうです。中絶して意志の集中が解体してしまえば、とても続行できないからです。睡眠は縄でつくった座席にもたれてとることしか許されません。行者は袈裟までも身につけた正装で行うので、体はたちまち汗疹《あせも》に覆われるそうです。五体投地をつづける膝は破れて血まみれになるそうです。

常行三昧行は回峯行より苦しく、好相行は常行三昧行より苦しいと言われます。それも道理であって、常行三昧行には九十日という期限があります。好相行のほうは、釈尊がお出ましになるか、あるいは自分が死んでしまうまで、続行しなければならないのです。昔の中国のある僧の場合は、釈尊と会うまで三年間、この行をつづけたそうですが、さきの堀沢祖門さんや、目下籠山行をつづけておられる高川慈照さんの場合は、開始してからほぼ三カ月で会うことができたそうです。お二人の体験は、雑誌「大法輪」に発表されておりますので(昭和五四年十月号および五五年九月号)、詳細をお知りになりたい方は、読まれればいいと思います。

それにしても、釈尊がじきじきにお出ましになって戒を授けられるというのは、常識からみればありえないことです。私は論評をさしひかえますが、常行堂には阿弥陀如来像が祀ってあるように、好相行をおこなう密室には、釈尊像を描いた掛軸がかかっているとのことです。

外部から好相行の意義をさぐれば、私は天台宗で用いられる「止観」という言葉が、この行の意義をも照明しているのではないかと思います。ここで「止」というのは、無漏《むろ》ということでもあって、煩悩を漏出しつづけている私たちの日常の行為を、いっさい制止してしまうことです。好相行も常行三昧行もまさに「止」でありますが、行者たちは「止」のはてに、非日常的な世界に入って、非現実的な何かを見るのです。それが「観」であって、好相行の場合は釈尊を「観」、常行三昧行の場合は弥陀を「観」るのでしょう。今はこの「止観」ということが、天台宗の根本にあることだけを申し添えておきます。『摩訶止観』の「摩訶」は「大いなる」という意味であって、堀沢さんは私に、この「マハー」は、宇宙の涯から涯までをつらぬいて、ひびき渡っている大音声でもあると教えてくれました。

酒井雄哉さんは私に、常行三昧行の貴重な体験談も語ってくれました。行者の中には幽霊を見た人もいるそうですが、そういう恐怖をもふくめて、日常の意識状態のすべてを突破して、一心不乱に念仏をとなえながら歩きつづけておりますと、酒井さんには、唐の善導大師が『観経疏《かんぎようしよ》』に書いている「二河白道」のたとえが、実感となって判ったとおっしゃるのです。

これも簡単にいえば、現世と浄土とを、私たち自身の瞋《いか》りの火の河と貪《むさぼ》りの水の河とが、寄せあって隔てています。その中間に幅わずか五寸、距離は百歩の白い道が通じています。そして、こわくて進めない行者を、此岸では釈尊が、彼岸では弥陀がはげましているというのです。

酒井さんはこのたとえ話が、たとえ話ではなくて事実であり、みずから常行三昧行をおこなった善導大師の内的体験の表現であるとおっしゃるのです。神話的にしか表現できない内的体験であったことが、みずから疲労困憊しつつ、なお一心不乱に合掌して念仏をとなえつつ、よろめきながら歩きつづけておれば、判ってくるとおっしゃるのです。私は、酒井さん自身も、後方からは釈尊の声に、前方からは弥陀の声にはげまされつつ、水火のさなかの幅五寸の白道を歩き通されたと思っております。では、堀沢さんや高川さんが釈尊と対面されたように、酒井さんが阿弥陀如来と対面されたかといえば、これについては何も話されませんでした。まことに神秘的な「観」の内容を、あまりにくわしく語ってしまえば、のちの行者がそれにとらわれて、修行の邪魔になるそうです。私自身は、さきにも申しましたように、酒井さんの清浄なお顔を拝見しただけで、仏道の尊さを思い知らされたつもりです。

さて、私は以上のような、現代において常行三昧行をおこなわれた方々の体験をふまえた上で、親鸞の廻心について考えたいのです。文献の上では何ら証明できないのですが、若き親鸞も、おそらくは何度も、常行三昧行をおこなったにちがいないと私は思うのです。『摩訶止観』が天台宗の根本教典である以上、そこに定められてある四種三昧行その他を、平安時代であれ鎌倉時代であれ、天台僧たる者が修行しなかったはずはないと、堀沢祖門さんは私に断言しました。ましてや常行三昧行は、浄土教に直接関係のある修行です。

私はそして、親鸞の自力聖道にたいする絶望とは、命がけの常行三昧行を幾度もおこなったにもかかわらず、ついに阿弥陀如来を「観」なかったという絶望であったと思うのです。

この絶望が親鸞をして、二十九歳の年に比叡山を下らしめ、聖徳太子にゆかりのある救世《くせ》観音を祀る六角堂に参籠せしめて、新たなる救済を求めさせたのですが、親鸞がそこで九十五日目の暁にえた夢告の内容について考えれば、この絶望の根底には、自己自身についての絶望があったと私は思います。つまり親鸞は、自分が阿弥陀如来と対面できなかったのは、第十九願が虚妄の教えではなくて、自分がこの教えにふさわしからぬ、十分な功徳などとても修められない煩悩具足の、愚痴無知の凡夫であるからだと、自覚したにちがいないと私は思うのです。

親鸞はのちには第十九願を、第十八願が弥陀の根本の誓願であったという自覚にいたらせるための、方便の願にすぎなかったとして否定しさります。それはしかし法然の教えを受けたあとの反省であって、六角堂へ百日の参籠をつづけていた当時は、自己自身にたいする絶望が、ひたすら強烈であったと私は思うのです。理由の一つは、親鸞が何ごとにつけ、自己責任の自覚のきわめて強い人格だからですが、今ひとつは、右の夢告が、親鸞が性欲という煩悩に悩みぬいていたことを、如実に示していると思われるからです。

この時に親鸞がえた夢告の内容については、実は二説があります。私が自分の推察の証拠とするのは、覚如が『本願寺聖人伝絵』の第三段に書いているほうの夢告です。私の訳で前半を読んでみますと、

「建仁元年癸亥《みずのとい》のとき、四月五日の夜寅の刻、親鸞聖人は夢想のお告げをお受けになった。その記録によれば、六角堂の救世観音菩薩が顔容《かんばせ》端厳なる聖僧の姿となって現われ出たまい、白い衲《のう》の袈裟を着用し、広大なる白蓮華の上に坐って、聖人に次のようにのたまわれたのであった。『たとえ念仏行者が前世の報いによって女色の罪を犯そうとも、私が玉のような女身となって犯されよう。一生のあいだ行者をよく荘厳し、臨終には引導して極楽に生まれさせよう』

そして救世菩薩は当時善信と名のっておられた聖人に、『これが私の誓願である。汝はこの誓願の趣旨をすべての衆生に説き聞かせよ』とのたまわれた」

とあります。

私はさいきん『樹下《じゅげ》の仏陀』（筑摩書房刊）という小説を出版しまして、釈尊の成道についてずっと考えていたので、親鸞がえたこのような夢告を、釈尊が菩薩樹の下で証りを開かれた前後の心境と、比較してみたいのです。

成道された時の釈尊はまだ三十五歳と若かったし、出家される前は三人の妃をめとり、一人との間には男の子も儲けておられます。ですから釈尊も、たとえ好相行以上のすさまじい苦行をつづけられたところで、親鸞と同様に、性欲を根絶できなかったはずです。「仏性は無常なり」と言われます。釈尊のようなお方も、これまで紹介した現在生きておられる自力聖道の行者たちも、言語を絶する苦行をつづけておられる最中《さなか》においてだけ、仏性が磨き出されているという意味の言葉であると私は思います。行をやめて日常生活にもどれば、釈尊も行者たちも、たちまち性欲をはじめとする煩悩に覆われるのでしょう。今日はくわしい説明ができませんが、十二因縁とはまさに、仏性から煩悩にいたる過程の説明でしょう。

釈尊は事実開悟のあとで、なおしばらく金剛座の菩提樹の下で瞑想をつづけておられた時に、美女の群れが押し寄せて誘惑する淫夢を見ておられます。

しかし釈尊の場合は、それは文字どおりの淫夢であったのです。釈尊は美女の群れをたちまち悪魔の化身、すなわち煩悩の所産と看破して退散を命じられ、夢は消滅してしまうのです。

しかしながら親鸞の場合は、似たような性夢が、性欲にもだえる煩悩具足の凡夫を救いたもう阿弥陀如来の、慈悲のシンボルである観世音菩薩の現前であったのです。私はこういう所に、自力聖道から他力念仏へと廻心していった親鸞の根本的な体験を――、切実な体験としての転機を見るのです。

想像をたくましゅうすれば、親鸞は六角堂でこのような夢告をえた当座は、釈尊と同様、これを悪魔の変化《へんげ》である淫夢と判定したかもしれません。裸の美女が観世音菩薩の化身であるなどという、都合のよい淫夢をみている自分を、強く自責したかもしれないのです。この夢告が、弥陀の真実の夢告であると親鸞に教えたのは、法然であったかもしれません。すくなくとも私は、小説ではそういう風に書こうと、今は思っております。問題は、二十九歳の親鸞が、性欲にもだえるおのれを愚痴無知・破戒無慚の悪人と断定せざるをえず、かかる自己自身の救済を、常行三昧行を代表とする自力聖道の仏道修行によっては、実現できなかったということです。そういう絶望のさなかにあって、親鸞は、いかなる愚痴無知の悪人をも、いや、彼らをこそ、念仏という易行によって往生浄土せしめたまい、そこにおいて親しく成仏せしめたもうと約束されてある弥陀の本願に、正しく帰依したのです。

今日の私の話は、親鸞が二十九歳の年に自力の修行に絶望して比叡山を降り、法然の教えを受けて、本願の他力念仏の拝受にいたるという、廻心の背後の内的体験の、私なりの解説でした。弥陀の本願そのものの拝受については、もはや時間もありませんし、私はくりかえし書いてもおりますので、今日は省略します。ただ、今ひとつ、最後に、私は親鸞をして浄土教にもとずく独自の救済者たらしめた、末法という時代認識について、簡単に言及しておきます。

仏教は最初に申しましたように、教・行・証という三要素から成り立っております。まず釈尊の教えがあり、ついで教えにもとずく行があり、行の果報としての証《さと》りがあるのです。ところが、この教・行・証の三者が円満に存在しているのは、釈尊の滅後五百年間だけであるという認識が仏教にあるのです。これを正法の時代と言います。つづく千年間は、教えも修行の仕方も存続しているが、修行をしたところで、もはや証りは得られないと言われるのです。これを像法の時代と言います。像法とは恰好だけの、内容のともなわぬ教え、という意味です。が、ともかくも修行の仕方や戒律などは存続していたのですが、この千年間が過ぎるともはや修行の仕方さえもわからなくなった、教えだけが残存する末法の時代になったと判定されるのです。日本では、親鸞が生まれる百年あまり前、永承七年（一〇五二）に末法の時代に入ったと言われ、仏教徒は悲泣したのです。

親鸞や法然をはじめとする浄土教徒には、この末法の自覚がことに切実でした。親鸞はおそらく法然から、この時代認識を教えられて、自分が多年比叡山でおこなっていた自力の修行が、もともと無効であったことを自覚したのです。弥陀の第十九願は、たとえば『摩訶止観』にしたがって修行をすればその果報が得られる、正法の時代においてこそ有効であったのです。末法の世においては、いかなる愚痴無知の悪人であろうと、一度の念仏だけで死後に極楽浄土へ摂取されるとする第十八願こそが、大乗仏教の理念にそくした本願でなければならないのです。

親鸞をはじめとする浄土教徒が、死後に往生をねがう極楽浄土とはどういう所かと言いますと、「今の末法の世において失われている行と証とを、阿弥陀如来の直接の指導によって回復する所」というのが、最も簡潔な定義であると私は思います。末法の世の衆生は、仏教徒であろうとするかぎり、失われた行と証とを、死後の極楽往生に期待せざるをえないのです。穢土から浄土への通路として、二河白道の彼方から弥陀の本願が私たちに廻向されているのです。阿弥陀如来はこの本願において、この自分の誓願を信じよとも、往生浄土を願えとも、勅命を下しておられるというのが親鸞の解釈です。浄土の信仰とは、この勅命を拝受することであるのですが、要するに、親鸞自身の廻心による救済が、末法という自覚において、すべての衆生の普遍的な救済へと、発展しているのです。

二、法然思想の克服——第二十願から第十八願へ

講演で紹介した天台宗自力聖道の修行の内容について、私はすこしく付言しておきたい。酒井雄哉氏は実は私に、回峯行や常行三昧行の密教性についても、ある程度腹蔵なく語ってくれた。私はそれを、右の講演では、主題と直接関係がないので省略した。

たとえば酒井氏は、毎夜四十キロの峯めぐりをしていると、時に、自分が走っていて走ってい

ないという不思議な体験をすることがあるとも語ってくれた。すなわち動中の静であって、これは不動明王に具象化されている一種の寂滅の体験だろう。浄土教においても阿弥陀仏や菩薩たちは、みずからは動かぬ寂滅の境地に入ったまま、無限の救済の働きを行っていると言われる。静中の動であって、動中の静とおなじく、自分が無限の救済行為をおこなっていて、しかもそのことについて本人は何も知らない、すなわち無我という仏教究極の境地をこれは指しているのだろう。酒井氏はそれを、時に体験しておられるのである。

酒井氏はまたある夜明けに、根本中堂の前にいて、東には暁天の中央下方から陽が昇りはじめ、西の濃い青空の中には満月が浮かんでいる光景をみて、胎臓界曼陀羅をまのあたり見る思いがしたという。すなわち酒井氏にとっては、不動明王や曼陀羅という密教的世界も、常行三昧行中に実感した「二河白道」の神話と同様に、実在するものであった。

密教とは字の通り、言葉をはなれた、沈黙の、秘密の教えである。私は酒井氏の話をできるだけ正確に紹介している心算であるが、なお伝聞であることを断りつつ、以上のことを補足しておきたい。

親鸞の密教との対決については、第二巻の解説で詳述したい。私がここで指摘したいのは、日本仏教においては浄土教も禅宗も日蓮宗も、天台総合仏教から誕生しているということである。日本曹洞禅の開祖道元も、中国へ留学する前は比叡山で修行している。その禅風にも密教性が付着しているのであって、僧たちは今も座禅の疲れやすめの経行《きんひん》のさいに、『法華経』の中の、現世利益信仰にみちみちる「観音経普門品」を読誦している。その『法華経』が、天台大師智顗《ちぎ》が独自の教相判釈の結果、最高の経典と評価したものであることは言うまでもない。

親鸞が法然のみちびきに依って自力聖道の修行を捨てたということは、こういう天台浄土教の密教性をも否定したことを意味するのである。第十九願に依る真摯な念仏行者が垂死の境にいたった時に、弥陀おんみずからが来迎したもうという約束も、まさに密教的事件である。親鸞は法然のみちびきに依って第十八願に帰依した時、第十九願の密教性から自分を脱却させたのである。

親鸞は百日間の六角堂参籠のあと、おなじく百日間吉水《よしみず》の法然の下へ通いつづけて教えを聞き、弥陀の本願たる第十八願へ廻心したという。親鸞は、「三願転入」にあるように第二十願を媒介にしてではなく、法然から直接第十八願の正しさを教わったのである。にもかかわらず「三願転入」でなければならなかった理由は、あとで説明する。ともかく、法然が親鸞を本願に帰依せしめた論理は、次の二つに要約できると私は思う。

一つは、右の講演の最後で説明した末法思想である。それを第十九願および第二十願と関連づけて再説すれば、たとえば常行三昧の行者たちが阿弥陀仏に直接まみえられるという「証」は、前述のように、正法の時代においてこそ実現されうる果報であった。像法どころか、すでに末法にいたってしまっている今の世には、実現されるべくもない果報であったことを、かつて比叡山において、みずから常行三昧行を修めたことがある法然は、親鸞に力説したにちがいない。

第十九願が正法時代の仏教徒にふさわしい誓願であるとすれば、
たとい、われ仏となるをえんとき、十方の衆生、わが名号を聞きて、念《おもい》をわが国に掛け、さらにもろもろの徳本を植えて、それらを至心に廻向して、わが国に生れんと欲《おも》わんに、この願い果遂せずんば、正覚をとらじ。
と約束されている第二十願は、像法時代の仏教徒にふさわしい誓願であると言えるだろう。ご覧のようにここには、弥陀の来迎というような果報（証）は約束されていない。しかしながら傍点の個所に示されているように、第二十願の信者たちには、行ないし戒律が要求されているからである。いっぽう末法の世とは、その善行や、善行の基準としての戒律、すなわち仏教における倫理の根拠すらが見うしなわれた時代である。末法時代には戒律がない。それゆえに受戒ということも、破戒ということもない。この世にみちみちるのは無戒の徒であると、親鸞が『教行信証』化身土巻に、長ながと引用する『末法燈明記』は断定する。すなわち末法の世とは、仏教教義のみが残存して、証も行もないニヒリズムの時代である。ちなみに、末法一万年のあとにつづく滅法五十六億七千万年の時代とは、その教義すらが滅びさり、仏教の視野からみて、ニヒリズムの基準すらもないニヒリズムの時代である。しかし『大経』だけは、滅法の世に到ってもなお百年存続するという神話によって、浄土教の、至高の大乗仏教性が示されているのである。
たとえ私が仏になることができるとしても、全宇宙に生きる衆生が、心から私を信じて喜び、私が造った国に生まれようと欲して、一度でも十度でも念仏をとなえたとしよう、もしその者が生まれることができなければ、私は仏にならない。ただし五逆の重罪を犯すことと、仏教の正しい教えを誹謗することとは、厳につつしむべきである。

法然がおそらくこのような意味で親鸞に説明した第十八願は、信者たちに称名念仏という、仏道修行とはいえぬ修行しか要求していない。それゆえに第十八願は、末法の世に生まれでた衆生にふさわしい誓願でなければならないのである。いや、第十八願は、正法や像法の時代に生きた破戒・無戒の衆生にも適合する。それゆえにこそ第十八願は、一切衆生を成仏せしめようと発願したもうた法蔵菩薩ないしは阿弥陀仏おんみずからが、他の誓願に超えた根本の誓願、すなわち本願と選びとっておられるものである。

法然は第一に、このように第十八願の時間的な普遍性を説いたことだろう。第二には、第十八願の空間的な普遍性を説いたことだろう。第五巻の「まえがき」でも述べたことであるが、第十九願や第二十願によって往生浄土が約束されるのは、選ばれた優秀者でしかない。受戒の善行者や、苦行に精励できる阿羅漢のみである。それゆえに、これらの誓願は本来、救われがたい衆生をこそ救おうとする大乗仏教の理念に背いているのである。いかなる愚痴無知の悪人をも、いや、そのような私たちをこそ、称名念仏という最も容易な手段でもって往生浄土せしめると約束されてある第十八願は、大乗仏教の本質の表現である。救うに救われないとは、この世にあるかぎりけっして成仏できないという意味である。それゆえに、そのような者たちのために、死後の成仏の場として、極楽浄土が建設されている。一切衆生をそこへ導くことができる第十八願は、大乗仏教の極致である。

法然はそのように説き、みずからが性欲をはじめとする煩悩具足の凡夫であることをすでに確信していた(機の深信)親鸞は、この「よきひと」の弟子となって、本願によって専念専修する念仏行者となった。親鸞は、そういう廻心の表面だけを見れば、「三願転入」したのではない。『教行信証』の最後にあるように、二十九歳の時に、ただちに「雑行を棄てて本願に帰」したのである。『歎異抄』第十六条にあるように、「ただ一度《ひとたび》」廻心したのである。

にもかかわらず親鸞は、前節の冒頭に示したように、自分は第十九願から直接第十八願に転入したのではなく、第二十願を媒介にしたとも告白している。べつの言い方をすれば、親鸞は法然のみちびきを受けて、たしかに自力聖道の修行を放棄し、他力念仏に帰依した、しかしながらその当初、親鸞は他力の中の自力念仏を説く第二十願に帰依していた、本願に依る絶対他力の念仏者となったのは後のことであったと、みずから告白しているのである。重大な矛盾であって、教学者たちは解明のために苦闘しているのだが、私は親鸞がしばらく師事をつづけた法然の、矛盾した信仰生活を顧みることが、解決のいとぐちになると思う。

親鸞を弥陀の本願に帰依せしめた法然自身には、第二十願の信者というべき側面があった。法然自身は、すでにくり返し述べたように、持戒堅固の清僧であったからである。何の果報も得られないと自覚しながら、なお飲酒肉食妻帯等を禁じる戒律を遵守し、しかも毎日七万遍もの称名念仏をおこなって、常行三昧行とあい似た念仏三昧の境地を目ざしていた法然は、像法の世にふさわしい仏教徒であった。いや、法然は九条兼実以下の壇越が病気になれば、授戒という密教的な、現世利益のための呪術もほどこしていたという。在家の者が一時的に戒をさずかって守ることにより、諸神諸仏菩薩の霊力の加持が得られて病気が治るというのは、もとより迷信であるが、論理的に言えば、このような果報が得られるのは、正法時代の仏教徒でなければならない。

法然は敵対者から、二重人格者呼ばわりされていたという。第十八願とともに、第二十願・第十九願をも、右のような意味で信奉していた法然は、むしろ三重人格者呼ばわりされるべきであっただろう。私はここでは、法然の教義や功績それ自体については言及しない（拙著『親鸞』、朝日新聞社刊参照）。親鸞の求道の過程について語っている今、ただ一つ指摘したいのは、法然の信仰は、後の本願絶対主義者親鸞から見れば、徹底性を欠いていたということである。親鸞に、法然の不徹底性を直接批判した文章はない。親鸞は直接には、この「よきひと」にたいする、絶大な敬意や謝意を語りつづける。しかしながら、たとえば第三巻の解説の後半で取りあげた『浄土三経往生文類』によれば、法然のような、「他力の中の自力」の念仏によって往生を願う者は、蓮の花の咲く真実報土に直行して阿弥陀仏にまみえられず、蓮の蕾に似た疑城胎宮に、五百年間閉じこめられるとされるのである。（歴史的事実として、法然を開祖とする浄土宗諸派の中には、長楽寺流や九品寺流など、親鸞がさらに強く、蓮の蕾さえ生いでておらぬ辺地懈慢界に往生してしまうと批判する、諸行往生すなわち第十九願を肯定している流派もある。）

私は、廻心はただ一度《ひとたび》であったと語りつつ、しかも自分は「三願転入」（前節冒頭の引用文に見られるように、一度目は「廻入」、二度目が「転入」と使いわけられている。「廻心」は、この「廻入」と関係しているのかもしれない。）を遂げたと告白している親鸞の矛盾は、師の法然の、このように矛盾した信仰生活を顧みることによって、解明できると思う。すなわち親鸞は、二十九歳の年に法然の膝下に身を投じたさいに、ただちに雑行を棄てて本願に帰したのである。しかしながらその当初、親鸞は法然と同様に、師に忠実に、第二十願をあわせて信じていたにちがいないと私は推察する。

法然門下には、第三巻におさめた「一念多念文意」に見られるように、一念義派と多念義派の対立があった。簡単に説明すれば、一念義派は念仏における信の側面を重要視して、信心さえあれば、ただ一度の念仏によってでも往生できるとする。多念義派のほうは、念仏における行の側面を重要視して、おびただしい念仏を称えつづけなければ往生できないとするのである。

この対立についての法然の裁定は、「ただ一度の念仏によっても往生できる、数多の念仏をとなえることによって、どうして往生できないことがあろう」という、まことに曖昧、かつ寛容なものであった。思うに法然には、自派の内部の対立に拘泥することなく、自力聖道門と大きく対立する他力浄土門そのものを発展させようとする意図があったのだろう。そして私は、この師の立場が、入門当初の親鸞の立場でもあったと思うのである。

第五巻におさめた「御伝鈔」上第六によれば、親鸞は入門当初から、行よりも信を重要視する一念義の立場をとっていたとされる。私はしかしこの断定は、親鸞の信仰を総括した覚如の付会であると思うのである。本願絶対主義に帰結するにいたる一念義と、第二十願への帰依を帰結するにいたる多念義とを、ともに肯定していた法然の立場が弟子親鸞の立場であったとしなければ、親鸞自身が告白している「三願転入」の説明がつかないからである。親鸞は入門当初、法然と同様に、第二十願ないしは「小経」にも帰依して、一心不乱に念仏をとなえつづけていた。べつの言い方をすれば、阿弥陀如来の功徳がこもる名号（他力）をとなえることを、自分自身の善行と思いなし（他力の中の自力）、多念の功徳でもって往生できると信じていた、そして三十五歳の年に越後流罪となって師の法然と別れていらい、しだいに第十八願に専一に帰依していった、それも、この本願に独自の解釈をほどこした上で帰依する、独創的な本願絶対主義者になっていったというのが、私の推定である。

第二十願から第十八願への、このような意味での転入が、何時完成したかは明らかではない。親鸞は煩悩具足なる自分の模索のごときについて、くわしく語る必要を認めなかった人である。親鸞は独自の、本願絶対他力信仰のみについて語り、人びとを同じ自由・平等・合理的なる信仰に導こうと努めていたのであるが、そのような夫を観世音菩薩の化身と崇めていた妻恵信尼は、本願に転入した親鸞の心境を窺うことができる貴重な書簡を、末娘の覚信尼に書き送っている（恵信尼消息第五）。

訳は本文（二七六頁）を見ていただくことにして、それによれば、親鸞は寛喜三年、五十九歳の年の春に、風邪をひいて高熱と頭痛を発し、八日ほども臥せりつづけたことがあった。さまざまにうなされていたのであるが、八日目の明け方に、「まあこれでよかろう」と独りごとを言ったのを、恵信尼が聞きとがめ、「どうされたのですか」と訊ねた。すると親鸞は、寝ついて二日目から『大経』を読みつづけていたと答えた。それも、眼をとじると経の文字が一字も残らず、輝やくようにはっきり見えたというのである。親鸞はむろん『大経』の全文をも暗記していた。

ところで親鸞は、意識の朦朧状態にあって、心の深みに刻みつけられていた『大経』の文字がぎらぎらと輝やきでてきたその時、それを不可解なことに思ったのであった。それは、当時の親鸞がすでに本願にのみ帰依していて、第十九願や二十願をふくむ『大経』の他の全文も、『観経』や『小経』と同様に捨て去った心算でいたからである。意識のうわべでは捨て去った心算でいたものが、思いがけず強烈に出現したために、「心得ぬ事なれ」と親鸞は反省したのであった。

自分は本願他力の念仏の信心のほかに、何を気にかけることがあろうとよくよく考えてみると、親鸞は十七・八年前に、大仰にも衆生利益のために、『浄土三部経』を千部(千度)読もうと志したことがあった。建保二年、炎旱がつづいた飢饉の年のことであり、親鸞は四十二歳のこの年に、越後から常陸へ移住したのであるが、途中で利根川べりの佐貫(群馬県邑楽郡)を通った時に、路傍に餓民や餓死者が横たわる姿を見るにしのびず、功徳のために長大な読経を志したのである。このような追善供養は、当時の僧侶にあっては必須の菩薩行である。親鸞は、苦しみ悩んで死んでいった人びとが、以後も無限に生死輪廻をつづけることを忍《しの》びず、彼らの成仏を、自分の読経という菩薩行によって実現しようと志したのである。親鸞はしかし、読みはじめて四、五日たってから、「これは何ということをしているのであろう、自分は『自信教人信、難中転更難』という善導の言葉のとおり、第十八願をみずから信じ、人に教えて信じさせることが、真の仏恩を報いたてまつる行為であると信じている。それが、名号のほかに何を不足に思って、懸命に経を読もうとするのであろう」と反省し、読経を放棄したのであった。この反省の中には、第五巻の解説で述べたように（二〇四頁以下）、念仏は他者や死者のためのものではなく、私たちが自己自身の往生浄土のために、主体的に称えるべきであるという確信が、むろん含まれている。

意識のうわべでは、親鸞は本願以外の浄土教を、その時に捨て去ったのであった。しかしそれから十七年後、寛喜三年というやはり大飢饉の年に高熱を発したさい、たぶん累々たる屍も眼に映っていたのだろう、親鸞には誤れる善行への意志が、記憶とともに蘇ったのであった。意識が朦朧となってしまっている自分を、如何ともしがたく支配しようとしたのである。

親鸞はしかしその時、「人の執心自力の心は、よくよく思慮あるべし」と再反省する。と、夢の中で経を読むことはなくなり、親鸞は思わず、「まあこれでよかろう」と呟いたのであった。

私は、注目するべきこの記録を読むと、前節で紹介した、夢に現われでる美女の群れに退散を命じた解脱後の釈尊の行為を連想する。釈尊にとってはかかる淫夢が悪魔の化身であったのだが、親鸞にとっては、読経どころか念仏すらも自分の善行と思いなして、それゆえに他者への供養になると思いこんでいる「自力の心」こそが、悪魔であり仏敵であった。『歎異抄』第八条が簡潔に断定しているように、念仏は私たち人間の行為（仏道修行）でなければ、ましてや善行ではない。それはただただ阿弥陀仏の行為（利他の菩薩行）であり、このみ仏の、一切衆生を浄土へ収めとりたもう大いなる善行である。私たちは、各自が自分の往生浄土のために「念仏させていただく」ことにより、各自に、自由・平等・合理的なる安心の境地が開き出るのである。

ついでながら、親鸞は鎌倉幕府が自分の教団を弾圧しようとしたさい、受けて立った横曽根門徒の指導者性信にたいして、「朝家の御ため国民のために念仏まふしあはせたまひさふらはば、めでたふさふらふべし」（消息集第二、訳は本文二三三）と、恵信尼書簡第五に窺われる心境を裏切る、第二十願的な、自分の善行としての念仏論を語っている。しかし親鸞の全著作をかえりみれば、この主張は例外的なものであって、幕府から無用な弾圧を避けるための、政治的なものであったことは一目瞭然である。親鸞にとっての「教人信」とは、あくまで自己自身の死後の成仏と、現世における安心のために念仏することを、人に教えて信ぜしむることである。それ以外の自力諸善の心境は、親鸞にとっては、恵信尼書簡に見られるように、心の底から排除するべきものであった。

親鸞は、無意識に「大経」その他を読みつづけている自力を発見した時に、このように再反省したのであった。すると親鸞にあっては、美女の群れに退散を命じた釈尊と同様に、「大経」の文字がしだいに消えていったのである。禅僧の頓悟にも匹敵する重要な信仰体験の告白であると私は思うのだが、では、その後の親鸞の心中に、深く残存していたものは何だろう？　もとより、無限の彼方から有限なる私たちにむかって差しだされている、廻向されている、「南無阿弥陀仏」という名号である。私は親鸞が五十九歳のこの時に、「三願転入」を成就して、心の底からの絶対他力の念仏者に成ったのであると思っている。

その念仏者の心境を、これまでと違った視野から解明するなら、私には親鸞が「正像末和讃」の末尾および「末灯鈔」第五で説明している「自然法爾」という言葉が、この心境を端的に示していると思われる。

今は親鸞が八十八歳の時に書いた和讃のほうの原文を引用すれば、（訳は一三九頁以下）

自然《じねん》といふは、自《じ》はおのづからといふ。行者《ぎようじや》のはからひにあらず。しからしむといふことばなり。然《ねん》といふは、しからしむといふことは行者のはからひにあらず、如来のちかひにてあるがゆへに。法爾《ほうに》といふは、如来の御《おん》ちかひなるがゆへに、しからしむるを法爾《ほうに》といふ。この法爾は、御《おん》ちかひなりけるゆへに、すべて行者《ぎようじや》のはからひなきをもちて、このゆへに他力には義なきを義とすとしるべきなり。自然《じねん》といふは、もとよりしからしむるといふことばなり。弥陀仏の御《おん》ちかひの、もとより行者のはからひにあらずして、南無阿弥陀仏とたのませたまひて、むかへんとはからはせたまひたるによりて、行者《ぎようじや》のよからんとも、あしからんともおもはぬを、自然《じねん》とはまふすぞとききてさふらふ。ちかひのやうは、無上仏《むじようぶつ》にならしめんとちかひたまへるなり。無上仏とまふすはかたちもなくまします。かたちもましまさぬゆへに、自然《じねん》とはまふすなり。かたちましますとしめすときは、無上涅《むじようね》槃《はん》とはまふさず。かたちもましまさぬやうをしらせんとて、はじめて弥陀仏とぞききならひてさふらふ。弥陀仏は自然《じねん》のやうをしらせんれうなり。この道理をこころゑつるのちには、この自然《じねん》のことはつねにさたすべきにはあらざるなり。つねに自然《じねん》をさたせば、義なきを義とすといふことは、なを義のあるべし。これは仏智の不思議にてあるなり

とある。私はこの中の、「無上仏とまふすはかたちもなくましますす」という断定に、親鸞の第十九願にたいする、最終的な超克を見る。「色即是空」、すなわち「形あるものは不滅なる実体ではない」と言われるように、無上にして無限なる阿弥陀仏は、本来「形なき存在」である。形とはそもそも限定であり有限であって、無限存在にふさわしくないのだから。これは推論によって帰結する認識であるが、同様に先験的・論理的に、「形なき弥陀」が垂死の念仏行者の前に、来迎のために、「形をそなえて」出現することはありえないのである。たとえ出現したとしても、それは方便の化身である。出現を約束する第十九願は方便の誓願にほかならず、根本の誓願たる第十八願と比肩できるものではない。

私はまた右の自然法爾の説明の背後に、親鸞の第二十願にたいする最終的な超克をも見る。第三巻の解説の後半で示した親鸞独自の本願解釈を再引用すれば、法然以前の解釈とまっこうから対立して、

私が阿弥陀仏と成った時は、全宇宙の生きとし生けるものよ、私がまごころを籠めて差しだす名号を喜んで受けとれ、私が造った真実報土に生まれようと願え、一度でも十度でも「南

無阿弥陀仏」ととなえよ、にもかかわらず生まれることができなければ、私は仏に成らない。
ただ五種類の重罪を犯すことと私の教えを誹謗することとは厳につつしまなければならぬ。

となっている。すでに説明したように、「至心（まごころ）」の主体が人間ないし衆生から、法蔵菩薩ないし阿弥陀仏に逆転し、主文が命令形(勅命)に成っているのだが、このように解釈した親鸞自身にあっては、この訳文は自分の独創でも恣意でもなかった。親鸞自身にあっては自然法爾の出来事であって、弥陀おんみずからが(自)、しかあらしめて(然)、このように説いておられる(法爾)のである。親鸞はかかる無上絶対のみ仏の勅命に服従し、弥陀おんみずからのしかあらしめられる働きによって、信じさせていただき、念仏させていただいている(絶対他力)のである。親鸞は本願にたいする独自の信仰によって、このような知に、最終的に到達した。

私はこれまで、親鸞の信仰の論理性ないしは合理性を強調してきた。親鸞は論理的な思弁によって独自の信仰にいたっているのだが、しかし右の自然法爾という知には、もちろん推論によってのみ到達できるものではない。

親鸞には最初、法然から第十八願こそが弥陀の本願であると教わって承服した時、これをみずから信じようとした主体的な意志(自力)が働いたにちがいない。それが人間の自然である。私たちは最初第十八願に出会った時、いかに説得されたところで、この単なる言葉を、無限不可思議なる超越者からの廻向として、みずから信じざるをえないのである。親鸞の場合も、この根本の自力が最初にあっただろう。信仰とは、自分の意志であるという錯覚が、最初にある。そして親鸞は、以後の長い信仰生活の過程で、自分は実は、弥陀の大慈悲心のおんもよほし(他力)にあずかって、信じさせていただいていたのであるという革命的な知が、しだいに成熟していったのである。

親鸞は、自分は二十九歳の年に法然の教えを受けて、ただちに本願に帰依したと言う。一方ではしかし、第二十願への廻入を媒介にして、本願に転入したと言う。いずれも正直な告白であって、本願を、みずから本願として信じるのは、人間のやむをえぬ自力の行為である。それは第二十願への帰依と、同一の自力であった。親鸞は他力の本願へ、自力でもって帰依した。そしてその後の、長い信仰の中での模索のはてに、当座は自力で帰依した自分の行為が、実は阿弥陀仏おんみずからがしかあらしめられていた、他力の行為であったと自覚するにいたったのである。

「果遂のちかひ、まことにゆへあるかな」。

私は親鸞の「三願転入」の内実を、以上のように解釈する。信仰を基礎として、その上での理性的な思索によってこのような絶対他力の知にいたった親鸞の模索の過程と帰結とは、まさに信知と言うべきである。この信知は、カテゴリーとしては主観的観念論に属する。弥陀の本願の真実性が、私たちに論証不可能な不可思議なものである以上、親鸞が絶対他力の自覚によって得た安心は、サナギが繭《まゆ》にこもって世界を妄想しているような、主観的・観念的なものであると、門外漢から批判されて当然であると私は思う。しかしながら、現代日本から見れば想像を絶する不自由・不平等・非合理な精神風土のさなかにあって、親鸞が独自の模索によって、私たちすべてに望ましい自由・平等・合理主義的な心境を、純粋な信仰と思索との繭《まゆ》の中で実現したことは、一種の奇蹟であると私には思われる。

親鸞のこの信知には、第三巻の解説の前半で説明したシャーマンの信知とはことなり、狂気や非合理や迷信の要素は絶無である。心中深くに絶対他力の「南無阿弥陀仏」のみを蔵するこの人は、この名号を拝受したことによって、世上の善悪にたいするこだわりが消滅しさった常人以上の自由人となり、大乗仏教本来の平等主義者となり、そして、心の底からタブーの消えうせた合理主義者となったのである。本願他力の信仰者はこのように、現世において、不可思議なる安心をいだいて生きつづける。

この安心の持主は阿弥陀仏と同様に、自他の善悪にこだわらない。その心境を、本巻の「まえがき」でふれた「造悪無礙」の異安心の持主たちと比較すれば、いかなる悪人をも浄土へ収めとりたもう弥陀の大慈悲心の証明のために、はばかることなく悪を行えと主張する彼らは、悪にこだわることによって現世にこだわり、不自由になっているのである。いっぽう、本願を「しぼめる花」にたとえて第二十願の「賢善精進」の立場に後退し、親鸞から義絶されるにいたった長子善鸞は、まごころなき自分の実存を直視することのない、外見の行為だけにこだわる不自由な偽善者となっているのである。親鸞のように、自分を偽善者と自覚させられることもない傲慢な偽善者に。善鸞を義絶した親鸞は、雑毒なるみずからの善行を往生浄土のために、「至心に廻向」できると信じていたこの息子の背後に、法然の姿を見ていなかっただろうか？

かかる善悪の彼岸に安心を見いだしている本願絶対主義者は、「愚禿悲嘆述懐」の中で、

罪業もとより形なし
妄想顛倒のなせるなり
心性もとよりきよけれど
この世はまことの人ぞなき

と、朗々と歌っている。ここには、悪人を地獄へ引きずりこむという業どころか、私たちの霊魂とか主体性とか精神とか言われるものをもふくめて、地上の一切の出来事ないしは形体が、「実体なき幻影」であり、「束の間の暫定」にすぎないという、仏教本来の認識がある。釈尊のような覚者の眼から見れば、世間の善悪も世上の美醜も、すべて「実体なき幻影」であって、こだわろうとしてこだわれるものではないのである。私たち自身の自我をもふくめて、地上の一切の出来事が、こだわりようのない幻影であれば、「自信教人信」という浄土教徒の唯一の倫理もまた、私たちを拘束できるものではない。それゆえにこそ釈尊をはじめとする大乗仏教者の布教は、しかつめらしい倫理ではなく、煩悩の密林の中での、こだわることのない遊戯(薗林遊化地門)となっている。そして、そういう覚者の清らかな心性を、私たちはすべて心中深くに秘めている。しかし末法の世に、この仏性を磨きだすことができる「まことの人」はいないと、親鸞はここで教えている。

親鸞に、このように仏教形而上学的な認識を、率直に語った言葉はめずらしい。私は黒田俊雄

氏の『日本中世の国家と宗教』(岩波書店刊、四八五頁)から教わったのだが、この和讃には、

罪業もとより所有なし　妄想顛倒よりおこる
心性みなもときよければ　衆生すなわち仏なり

という本歌《もとうた》がある。『源平盛衰記』に登場する叡山の悪僧は、このような今様を歌いつつ、放火その他の造悪無礙の所行にふけっていた。親鸞はこの今様から、密教の即身成仏思想を脱却せしめて、さきの和讃に改変したのである。ここにも親鸞の密教克服の貴重な一例がみられるのだが、私が指摘したいのは、親鸞が、釈尊のように行によってではなく、何よりも、本願という不可思議・絶対なるみ言葉を基礎とする理性的な信仰によって、このような洞察に達しているということである。「教」すなわち言葉に依り、本願というみ言葉を勅命と拝受する決意によって、このような認識に到達した親鸞は、まさに末法の世の正しい仏教徒であった。かえりみれば末法の世にあっては、弥陀の本願が厳命している「一度や十度の念仏」という、誰にでもできる、まったくささやかな行も、私たち人間の仏道修行であってはならない。念仏は、一切衆生を極楽浄土に収めとりたもう阿弥陀仏が、言葉ある人間にたいして働きかけておられる、大いなる行為であり善行でなければならないのである。親鸞は何よりも推論によって、こういう独自の本願解釈に到達して転入し、独自の信知者に成熟していっている。

聖徳太子に関する和讃の意訳にあたっては、聖徳太子の研究で高名な金治勇氏に教示を受けた。感謝をこめて付記する。

語　註（ゴチック数字は本文の頁を示す）

末燈鈔

一七三　**弥陀の来迎**　臨終の時、阿弥陀仏や菩薩や聖衆が現われ、安らかな死をむかえさせ浄土へみちびくこと。その時、紫雲がたなびき音楽が聞こえ、良い香りがあたりにたちこめるといわれる。

十悪・五逆　一般に十悪とは、殺し・盗み・姦淫・嘘をつく・二枚舌・悪口・美辞麗句・むさぼり・いかり・愚痴のこと。五逆とは父殺し・母殺し・阿羅漢（小乗仏教における修行者の最終のさとりの位）殺し・僧団破壊・仏身損傷を言う。

善知識　正しい教えを説いて仏道に帰依させ、さとりを得させる人、または、仏道に帰依させる縁を結ばせるものをいう。

弥陀の本願　『大無量寿経』に説かれている弥陀の四十八の誓願の内、根本の誓願である第十八願のこと。『大経』によれば、阿弥陀仏はかつて法蔵菩薩という名の仏道修行者のときに、四十八のちかいをたて、そのすべてが成就しなければ、自分はたとえ仏になることができるとしてもならず、一切衆生とともに生死の世界を迷いつづけようと誓った。法蔵菩薩は五劫にわたる思索と永劫の修行のはてに、すべてを成就し、阿弥陀仏となった。

一七四　**辺地**　阿弥陀仏の浄土の辺隅にある国土をいう。他力念仏の教えを聞きながらも、これを疑い自力の心をもって念仏をとなえる者の往生する世界。

胎生　疑城胎宮の浄土へ往生すること。疑城胎宮とは、弥陀の本願を信じない自力念仏行者が往生する浄土で、蓮華の中につつまれて五百年をむなしくすごし、仏法僧の三宝を見聞できず、衆生を利益することもできないとされる。

懈慢界　専心に念仏せず、時々自力の心を起こして念仏をなまけ、諸行を修行する者の生まれる浄土のこと。

一七五　**実教**　真実の教え。権教の方便の教えに対するもの。

一七六　**笠間**　今の茨城県西茨城郡の一部。

一七七　**真実の報土**　浄土は、報土と化土に大別され、弥陀の本願の他力の信心を頂戴したものだけが真実報土に迎えられるとされる。化土は、疑城胎宮と辺地懈慢に二分されている。（一七四頁辺地・胎生の註参照）

疑城　疑城胎宮のこと。

恵心院の和尚　源信（九四二―一〇一七）のこと。比叡山横川の恵心院に住したので恵心僧都と呼ばれる。『往生要集』の著者。真宗七祖の第六祖。

一七八　**五濁悪世**　五つの濁りに汚れた悪世界・悪時代のこと。五つの濁りとは、劫濁（時代的社会的な汚れ）・見濁（よこしまな思想・見解がはびこること）・煩悩濁（貪瞋痴などの煩悩がはびこること）・衆生濁（人間の果報が衰え資質が低下すること）・命濁（寿命がだんだん短くなること）の五つ。

弥勒仏　弥勒菩薩のこと。現在は菩薩のままその浄土の兜率天で天人のために説法しているが、釈尊に予言されて五十六億七千万年の後この世に下生して、龍華樹の下で成仏し説法するとされる。釈尊のつぎにこの世に生まれる未来仏である。

一七九　**性信**　（一一八七―一二七五）親鸞の高弟で横曽根門徒の中心人物。常陸鹿島郡の人。建長の念仏弾圧には関東の門弟を代表して幕府での訴訟処理にあたった。

無量寿如来会　『大無量寿経』の異訳、唐の菩提流支の訳。二巻

一八〇　**補処の弥勒**　補処は一生補処ともいう。この一生をすぎれば、次の生で仏となる最高の菩薩の位のこと。（弥勒菩薩は一七八頁註参照）

三会の暁　兜率天にいる弥勒菩薩が、仏滅後五十六億七千万年後に仏となり、龍華樹の下で三回の説法をする時、という意味。

光明寺の和尚　善導（六一三―六八一）のこと。

長安の光明寺で浄土教を広めたことから光明寺の和尚と呼ばれる。中国浄土教の大成者で『観無量寿経疏』四巻『法事讃』二巻『往生礼讃』一巻『観念法門』一巻『般舟讃』一巻を著わした。真宗七祖の第五祖。

般舟讃　善導の著、詳しくは『依観経等明般舟三昧行道往生讃』という。『観無量寿経』などによって、讃嘆供養、別時法事の行儀を述べたもの。

一八二　**真仏**　(一二〇八—一二五七) 親鸞の高弟で高田門徒の中心人物。高田派専修寺を開いた。下野高田、今の栃木県芳賀郡の人。

一八三　**善信**　親鸞の名。法然の弟子となったとき法然より綽空の名を与えられ、三十三歳の時みずから善信と名のった。後に越後へ流罪となりその時から愚禿親鸞と名のった。善信と親鸞は両方とも最後まで使われた。

一八四　**乗信**　親鸞の門弟。常陸国奥郡の住ともいわれる。

一八六　**浄信**　親鸞の門弟。下野国高田あたりに住んでいたと思われる。

一九二　**専信**　親鸞の門弟。初め下野国高田に住したが、親鸞を慕って建長八年ごろに遠江国へ移住した。

一九三　**覚信**　親鸞の門弟。下野高田の住。

一九四　**般舟三昧行道往生讃**　善導の著。略して『般舟讃』という。(一八〇頁註参照)

一九五　**しのぶの御房**　しのぶは真仏のことであろうと考えられる。

慶信上書　慶信は親鸞の門弟。下野高田の住。この消息は、慶信の上書に親鸞が加筆訂正をしたものである。原文では加筆訂正がはっきりと示されているが、今は、親鸞の訂正の文章によって現代語訳をした。

一九六　**真言の見解**　父母から生まれた肉身のままで悟りの位に入るという即身成仏の考え方。

十一・十二・十三の誓願　四十八願の中の第十一願は「必至滅度の願」と言われ、念仏する者を必ず成仏させようという誓願である。十二願は「光明無量の願」といわれ、智慧の光が無量である仏と成ろうという誓願であり、十三願は「寿命無量の願」といわれ、慈悲の働きが永遠に続けられる仏と成ろうとの誓願である。これらの誓願によって念仏する者が阿弥陀仏に収めとられ、同一の悟りをひらくことができる。

一九七　**弥陀経義集**　法然の著書と伝えられるが、真偽は不明。

一九八　**蓮位**　親鸞の晩年に、その側近に侍した門弟。

一九九　**帰命尽十方無礙光如来**　帰命は帰依の意味で南無も同じ。尽十方無礙光如来は、阿弥陀仏のことで、何ものもさまたげることができない光明の功徳をもって仏の名としたもの。南無阿弥陀仏の六字名号に対して十字名号と言う。

二〇〇　**因位の分**　仏となるために修行をしている位のこと。

妙覚　すぐれたさとり。真の仏と成ったときのさとり。因位の最高の等覚の上のさとりである。

二〇六　**鹿嶋**　常陸国の東部。涸沼・巴川・北浦及び利根川以東の地。

行方　鹿嶋の西、北浦と霞浦の間の地。

至誠心　善導の『観経疏』「散善義」の中の至誠心の註釈の文のこと。

二〇九　**明法**　親鸞の門弟。もと弁円という山伏であり親鸞を殺そうとしたが、悔悟して門弟となり、晩年奥郡に住した。

唯信鈔　法然の高弟聖覚の著。『選択集』にもとづき、浄土の教えはただ信心を肝要とすることを述べたもの。親鸞はこの書を何度も書写し門弟に送っている。

自力他力　『自力他力事』一巻。法然の高弟隆寛の著。念仏についての自力・他力を批判したもの。親鸞はこれを何度も書写し門弟に送っている。

二一一　**奥郡**　常陸国の奥六郡。すなわち現在の茨城県の多賀・久慈・那珂の三郡。

二一三　**北の郡**　常陸の国府、現在の石岡の北西部にあたる地方で現在の新治郡北部。

二一五　**浄土論**　天親の著。詳しくは『無量寿経優婆提舎願生偈』という。浄土三部経により、とりわけ『大無量寿経』によって阿弥陀仏とその浄土を讃えた書。

二一六　**南の庄**　現在の茨城県新治郡の南部。

親鸞聖人御消息集

二二一　**後世物語**　『後世物語聞書』ともいう。法然の高弟隆寛の著と言われている。問答形式で念仏往生の要旨を述べたもの。親鸞はこれを何度も書写し門弟に送っている。

二二三 **鎌倉でのお訴え** 建長四年（一二五二）から六年のうちに鎌倉幕府で念仏の禁止について裁判が行なわれた。造悪無礙の邪義が広まり風紀の乱れが問題とされたものであろうと言われている。その裁判に、教団の中心人物であった性信が出むき、親鸞の教団でとなえる念仏は「朝家の御ため国民のため」のものであると申し開きをし、それが認められて念仏禁止とはならなかった。

二二八 **法事讃** 二巻、善導の書。詳しくは『転経行道願往生浄土法事讃』また『安楽行道転経願生浄土法事讃』などという。『阿弥陀経』を読誦する行式を示したもの。

二三一 **慈信坊** 慈信房善鸞。親鸞の息男、生歿年不詳。建長年間（一二四九〜一二五六）の初めごろ、関東の念仏者に教義上の諍論が生じたので、親鸞に代っておもむいたが、かえって異義に傾き、親鸞から秘密の教えを受けてきたと人びとを惑わした。親鸞はそれゆえに建長八年（一二五六）に義絶し父子の縁を切っている。

入信 親鸞の門弟。常陸国奥郡に住む。

真浄 鹿嶋の順信門下の念仏者と思われる。

おおぶの中太郎 親鸞の門弟。『親鸞伝絵』にみえる常陸国那珂西郡大部の中太郎であろうと言われる。

二三七 **忌日のお念仏** 法然の命日にあたる二十五日に集まって行う念仏会。法然は建暦二年（一二一二）一月二十五日に入滅している。

二三八 **無礙光仏** （一九九頁帰命尽十方無礙光如来の註参照）

唯信 親鸞の門弟。会津の住。

二四〇 **慶西** 親鸞の門弟。常州北郡由下に住む。

御消息集

二四五 **弥陀の……** 「正像末和讃」第一首と同じ。（九七頁参照）

二四六 **願力成就の…** 「高僧和讃」善導大師第十一首と同じ。（七九頁参照）

親鸞聖人血脈文集

二五〇 **竜神八部** 仏法を護持する諸神。天（超人的な鬼神）、龍神、夜叉（空中飛行の鬼神）、乾闥婆《けんだつば》（音楽を奏する）、阿修羅《あしゅら》、迦楼羅《かるら》（金翅鳥のことで龍を食う）、緊那羅《きんなら》（人非人で角のある歌神）、摩《ま》睺羅迦《ごらか》（蛇神）の八つをいう。

二五一 **唯信鈔文意** 聖覚の『唯信鈔』に引用された経典、釈文を親鸞が註釈したもの。『唯信鈔』と同様門弟に書き送っている。

一念多念文意 隆寛の『一念多念分別事』に引用された経典、釈文を親鸞が註釈したもの。門弟に書き送った『一念多念分別事』が難解であることから著わされたものであり、これも門弟に送られている。

二五三 **大番役** 鎌倉将軍の御家人が六ヶ月間交替で上京し、皇居と洛中を警備する役。

二五四 **流罪** 他力念仏の広まりとともに、他宗派からの批判が高まり、法然は、延暦寺へ釈明の誓詞を送り、門弟には『七箇条起請』を作って厳しく戒めた。ところが元久二年（一二〇五）に興福寺から浄土宗の過失を指摘し、念仏の禁止を求める九ケ条の「興福寺奏状」が出されるにいたって批判が高まり、建永二年（一二〇七）に遂に念仏停止の宣旨が下され、法然以下門弟が流罪に処せられた。

御消息拾遺

二五九 **円仏** 親鸞の高弟真仏の門弟と思われる。

覚念 真仏の門弟と思われる。

二六〇 **高田入道** 下野国真壁の城主大内国時。親鸞に帰依して出家し、高田入道と号した。真仏の叔父。

二六一 **いまごぜんのはは** 今御前の母。親鸞の妻とも、末娘の覚信尼とも、親鸞の息男である即生の妻の母とも言われ定説がない。

二六三 **即生** 親鸞の息男。詳細は不明。

二六四 **六波羅** 六波羅探題のこと。

三宝 仏と法と僧の三つのこと。これらは仏教徒の最も尊重すべきものであることから宝という。

二六九　**わかさ殿**　覚信尼の侍女。覚信尼は恵信尼の末娘。

ちくぜん　恵信尼の侍女。中世の文書では、本当の差出人、受取人の名前を書く代りに双方の家《けい》司《し》の名を書くことが多かった。この手紙はその形に従ったもの。

二七〇　**王御前**　覚信尼の俗名。

二七一　**六角堂**　京都市中京区の頂法寺。

聖徳太子の文　「行者宿報設女犯、我成玉女身被犯、一生之間能荘厳、臨終引導生極楽（行者宿報にて設い女犯すとも、我玉女の身と成りて犯されん。一生の間能く荘厳して、臨終に引導して極楽に生ぜしめん）」であると言われている。

二七二　**宵祭**　原文は「しんかく」。しんがく（神楽）とも、しがく（試楽）とも言われる。また方言で本祭の前日のことを「しんがく」と言う。今はこれによって宵祭とした。

二七三　**益方**　親鸞の五男。益方大夫入道と号した。現在の新潟県中頸城郡板倉村南玄藤寺に益方という地名があり、その辺に住したものと考えられている。

二七四　**堂僧**　常行三昧堂に住して、不断念仏を行なうことを務めとする者。

二七六　**自信教人信**　善導の『往生礼讃』に「自信教人信、難中転更難、大悲伝普化、真成報仏恩（自ら信じ、人をして信ぜしむることは、かたきがなかにうたたかたし。大悲つたえてあまねく化するは、まことに仏恩を報ずることを成ず）」とある。

二七七　**信蓮**　親鸞の第三男明信のこと。栗沢信蓮房と号した。栗沢は現在の新潟県中頸城郡板倉村にある。

佐貫　上野国邑楽郡の佐貫。現在の群馬県邑楽郡佐貫村。

二七八　**率都婆**　サンスクリット語の音写で塔の意味。日本では墓や供養のために建てられるもののこと。

二八二　**栗沢**　信蓮房明信のこと。

二八三　**飛田の牧**　恵信尼の居住地と思われる。

二八四　**光寿御前**　（一二三九—一三〇七）覚恵の幼名。覚信尼の息男で、大谷本廟第二代の留守職となる。

真継伸彦（まつぎ　のぶひこ）

1932年京都市生まれ。京都大学文学部独文科卒業後、校正アルバイト、専修大学図書館勤務、青山学院大学ドイツ語講師などをしながら同人誌活動。1963年、歴史小説『鮫』で文藝賞を受賞。執筆活動を続けながら芝浦工業大学、桃山学院大学勤務を経て、姫路獨協大学外国語学部教授。2016年８月逝去。

著書　『鮫』（河出書房新社1964）、『光る聲』（河出書房新社1966）、『無明』（河出書房新社1970）、『日本の古典 第12巻 親鸞・道元・日蓮』（共訳、河出書房新社1973）、『林檎の下の顔』（筑摩書房1974）、『親鸞』（朝日評伝選、朝日新聞1975）、『闇に向う精神』（構想社1977）、『私の蓮如』（筑摩書房1981）、『青空』（毎日新聞社1983）、『心の三つの泉 シャーマニズム・禅仏教・親鸞浄土教』（河出書房新社1989）など多数。仏教への関心も深く信仰の問題を追求した作品が多い。

新装版　現代語訳　親鸞全集４　和讃・書簡

一九八三年　六月一〇日　初　版第一刷発行
二〇二三年　七月二五日　新装版第一刷発行

訳　者　真継伸彦
発行者　西村明高
発行所　株式会社　法藏館
京都市下京区正面通烏丸東入
郵便番号　六〇〇‐八一五三
電話　〇七五‐三四三‐〇〇三〇（編集）
〇七五‐三四三‐五六五六（営業）

装幀　山崎　登
印刷・製本　亜細亜印刷株式会社

ISBN 978-4-8318-6597-7 C3015

新装版シリーズ

現代語訳 親鸞全集1	教行信証 上	真継伸彦訳	二、二〇〇円
現代語訳 親鸞全集2	教行信証 下	真継伸彦訳	二、二〇〇円
現代語訳 親鸞全集3	宗義・註釈	真継伸彦訳	二、二〇〇円
浄土和讃講話		川瀬和敬著	一、四〇〇円
浄土高僧和讃講話		川瀬和敬著	一、四〇〇円
正像末法和讃講話		川瀬和敬著	一、四〇〇円
晩年の親鸞		細川　巌著	一、五〇〇円
近代日本の親鸞		福島和人著	二、二〇〇円

価格は税別

法藏館